中国城市居民公益行为研究

基于27个城市的微观数据

ZHONGGUO CHENGSHI JUMIN GONGYI XINGWEI YANJIU

刘凤芹 吴中盛 夏茹卉◎著

中国社会出版社
国家一级出版社·全国百佳图书出版单位

目　录

绪 论

公益行为存在于各种社会形态中，一般表现为慈善捐赠和志愿服务。以善为核心的传统伦理道德始终根植在中国人的精神精髓中，成为当下中国人公益行为的内在驱动之一。在西方思想史上，公益行为自古以来就被誉为人类最高境界的伦理美德。亚里士多德曾经这样称赞人的慷慨施与之举："在一切品德之中，慷慨最被人类所钟爱，因为给予可以有助于人。"西塞罗则认为："没有什么比仁慈和慷慨更能够体现人性中最美好的东西了。"（亚里士多德，1999；西塞罗，1999）

近几年，党中央高度重视公益行为，特别是志愿服务。2019 年 1 月 17 日习近平总书记来到全国第一个社区志愿者服务组织诞生地——天津市和平区新兴街道朝阳里社区参观时指出："志愿服务是社会文明进步的重要标志"，"志愿者事业要同'两个一百年'奋斗目标、同建设社会主义现代化国家同行"。从公共管理视角来看，公益慈善事业弥补了政府和企业的不足，能够为解决社会问题提供创新方案，是实现国家治理体系和治理能力现代化的重要组成部分。鉴于当前学术界对中国居民公益行为进行系统性量化研究的文献较少，本书基于中国城市居民公益行为调查数据，对志愿行为的影响因素，以及文化资本、社会资本、价值观与公益行为或公益意愿之间的关系展开了深入分析。

本书的所有研究均基于 2011 年和 2013 年北京师范大学所做的两次中国城市居民公益行为调查。这两次调查是跟踪性调查，遵循同样的抽样方案，其中 67% 的 2013 年调查样本为 2011 年样本。问卷信息包括被访者的人口统计学特征、职业、收入、社会资本、志愿活动参与和捐赠情况。我们采用多阶段分层随机抽样方法来选择样本。第一步是根据地理位置、人口规模和经济发展水平随机抽取27个城市。第二步是在每个被抽中的城市随机选取4个社区：商品房社区、单位大院、保障性住房社区和老旧社区。第三步是在每个被抽中的社区随机选取50个家庭。最后，每个被抽中的家庭随机选取一个成年人（家庭中生日最靠近7月1日的成年人）。总共有5400位被访者被抽中进行问卷访谈。问卷调查由各个社区的访谈员面对面进行。访谈员都具备大学学历，同时熟悉所调查社区的基本情况。在2011年调查正式开始前，所有访谈员均集中到北京进行了严格的相关培训。入户访谈由社区居委会协助进行。

本书一共由五章组成。系统探讨了影响中国城市居民公益行为的因素，强调影响因素的全面性。如果说前四章偏重理论，第五章则从社会工作视角出发，更注重应用，即研究如何才能激发社会的志愿服务潜力，为社会工作服务机构补充人力资源。

本书的第一、二、三章由刘凤芹研究完成，第四章由夏茹卉完成，第五章由吴中盛完成。全书由刘凤芹进行统稿。

最后值得指出的：一是由于本书写作周期较长，数据涉及2011年和2013年两次问卷调查，因此各章对所用数据进行了单独介绍。二是由于各章研究问题不同，所用变量不同，因此各章的有效样本量是不同的。三是由于文化资本、社会资本和价值观等概念包含多个维度，不同研究强调的维度不同，所以每一章都会对本章所涉及的重要概念进行独立界定。

第一章　中国城市居民志愿行为影响因素

尽管政府组织的志愿参与（government-organized volunteer participation）在中国非常普遍，但是鉴于巨大的社会服务负担，中国政府近来已经开始鼓励草根志愿服务组织（grassroots Voluntary Service Organizations）的发展。鉴于学术界尚缺乏对“谁在参与志愿活动”以及“为什么有的人更愿意参与志愿活动”等根本性问题缺乏系统性的研究，本章基于中国 27 个城市的微观数据，对以上两个问题进行了研究。

第一节　引　言

自从 20 世纪 80 年代初期，中国改革开放政策触发了国家和社会关系的重构，个体的志愿行为也逐渐发展起来。更为重要的是，近些年由于中国政府面临着巨大的社会服务提供压力，因此逐渐改变了对志愿服务的态度，开始采取措施鼓励志愿组织参与社会服务提供。然而，与西方社会志愿服务自发于民间不同，中国社会志愿服务的出现和发展都是由政府主导的。当前，中国青年志愿者协会（简称 CYVA）和中华志愿者协会（简称 CVA）是中国两个最大的志愿者组织。其中中国青年志愿者协会由共青团中央发起和领导，中华志愿者协会则由中央文明办领导。这两个志愿组织倾向于采用行政手段来激励和组织人们参与志愿活动，例如，2010 年共青团中央和中国青年志愿者协会发起了“关爱农民工子女”的志愿活动，其中志愿者的招募便是由上一级政府领导基层政府来进行的，行政力量在其间起了很大作用。除了发起和组织志愿组织，党政机关和大型国有企业在发起和组织志愿活动方面也发挥着重要作用。这表现在很多志愿活动的志愿者均是来自党政机关的工作人员。改革开放以来，中国社会不仅见证了大量政府组织的志愿参与，同时草根志愿者组织也逐渐成长为一支不可忽视的力量。2008年汶川地震期间，成千上万的志愿者奔赴灾区，参与救援和震后重建工作。他们的行为是自发的，代表着中国人的志愿精神，昭示着中国社会所蕴含的巨大的志愿服务潜力。基于已有文献，中国城市居民的志愿行为可以分为两种类型：政府组织的志愿参与和草根志愿服务组织（以下简称VSOs）所组织的志愿参与。政府组织的志愿参与较多采用自上而下的动员策略，而草根VSOs一般采用自下而上的动员策略。

鉴于有关中国志愿行为量化研究的匮乏，本章基于27个城市中国公益行为调查数据，研究了“谁在参与志愿活动”和“为什么某些人比其他人会更愿意参与志愿活动”这两个问题。尽管大部分已有的关于志愿行为的文献都是基于西方社会现实的，但是很多学者已开始从全球视角来研究志愿行为。中国是世界上人口最多的国家，世界第二大经济体，同时其社会政治结构与西方社会非常不同，本章的研究结果不仅会为推动中国志愿服务提供实证依据，同时也会扩展人们对不同文化和政治环境中的志愿行为如何表现的相关学术知识。

第二节　文献综述

有关中国志愿行为的研究还处于初级发展阶段。在本书所使用的调研数据之前，曾经有两个大型的有关中国人志愿行为的抽样调查。第一次调查完成于2001年，覆盖中国6个省。此调查的结果显示，大约85.2%的中国人参与过志愿服务。显然，该结果高估了中国人的志愿参与率。2001年所实施的调查之所以出现如此大的正向偏差，是因为该调查对志愿行为的定义非常宽泛，以至于包括日常非正式的助人行为（如帮助邻居顺便买个菜）。同时，由于本次调查完成于十多年以前，中国社会经济在过去十年有了很大的变化，因此2001年所实施的调查对当前中国志愿行为研究的意义不大（丁元竹，江汛清，谭建光，2007）。第二次调查完成于2010年，调查结果显示，有

32.5%的中国人曾经参与过志愿服务。本次调查的主要局限在于其问卷短小，难以进行有关志愿行为的复杂多元分析（Zhang，2011）。除这两项大型的社会调查，一些聚焦于中国社区志愿者和青年志愿者的质性研究，为我们研究中国城市居民的志愿行为提供了非常有益的洞见（G. L. Luo & Ding，2012；Luping，2011；Tan，2004；Ying Xu，2012；Y. Xu，2014）。

Wilson & Musick（1997）认为志愿者也是一种劳动力，因此志愿参与需要各种资源，如收入、社会网络等。鉴于政府组织的志愿参与在中国非常普遍，本研究认为，政治资源在促进中国居民志愿参与上会发挥重要作用。综上，本研究提出如下因素影响中国城市居民的志愿参与：人口统计学（如性别和年龄）、社会经济地位（如教育和收入）、社会资本变量和政治资源。

人口统计学因素

一项关于美国人的社会调查发现：比起男性，女性有更高的志愿参与率，而且该性别差异在各个年龄阶段、教育水平都存在［Bureau of Labor Statistics，U. S. Department of Labor（BLS），2013］。然而，也存在某些多元分析，发现志愿行为的性别差异是伪关系，因为在控制其他变量（如社会经济地位）时该差异便消失了（Einolf，2011；Gallagher，1994）。Wilson & Musick（1997）认为，性别对非正式帮助有显著的直接影响，但是由于志愿参与需要各类资本，所以性别对于正规的志愿参与没有影响。与美国社会的研究不同，基于日本社会的研究没有发现志愿参与的性别差异（Taniguchi，2010）。在中国，女性传统上被社会化为照顾者的角色，这让女性对别人的需要更为敏感。而且2010年中国女性的就业率为60.8%，同期男性的就业率则为80.5%，就业率的差异可能促使更多女性参与志愿活动（Song，2011）。综上，我们预期，无论对于政府组织的志愿参与，还是草根VSOs组织的志愿参与，性别变量对中国志愿参与水平的影响是显著正向的。

在多数西方国家，年龄和志愿参与之间的关系是非线性的：从青年开始上升，到达某个顶峰后开始降落（Bekkers，2004；Einolf，2009；Gallagher，1994；B. Suanet，van Groenou Broese & Braam，2009；Taniguchi，2010）。然而，在参与者中，老年人所贡献的志愿时长是最高的。例如，在美国65岁以上的老年志愿者所贡献的志愿时长平均每年86小时，而35—44岁的中青年志愿者平均每年仅贡献52小时（BLS，2013；Morrow-Howell，2010）。Wilson & Musick（1997）认为年龄对志愿参与的影响是间接的，健康变量是其调节变量。同时，同期群和生命周期效应也会混淆年龄对志愿参与的影响。Tanifuchi（2010）发现，在日本，年龄和志愿参与之间的关系依赖于性别。通常男性在其60岁左右达到志愿参与的峰值；而女性的参与峰值则在30岁左右。依据已有文献，我们预期，无论是政府组织的志愿参与还是草根VSOs组织的志愿参与，均与年龄之间存在显著的非线性关系。

研究发现，已婚人士比离婚、独身或者丧偶者更倾向于参与志愿活动（Flanagan & Levine，2010；Knoke & Thomson，1977；Rotolo & Wilson，2006）。根据生命周期理论，婚姻与为人父母、稳定的社会经济地位和更多社会期望密切相关，而后三者均能显著促进志愿活动（Oesterle，Johnson & Mortimer，2004；J. Wilson，2012）。对于中国城市居民而言，笔者认为：首先，中国人非常看重家庭，因此结婚意味着更多的家庭责任（丁文，2001）。其次，中国城市社区自发的志愿活动并不普遍，所以结婚和生育孩子可能会提高人与人之间的非正式互助（如彼此照看孩子），但是对正式志愿行为的影响是微乎其微的。综上，我们假设婚姻对政府组织的志愿参与没有影响，但是对草根VSOs组织的志愿参与有负面影响。

大量经验研究发现，宗教信仰和志愿参与之间具有显著的正相关关系。宗教信仰可以通过加强信仰者的公民责任感，拓宽其社会网络来对其志愿参与产生正向影响（Campbell & Yonish，2003；Hill & Dulk，2013；Lim & MacGregor，2012；Saroglou，2006；Son & Wilson，2012）。Son & Wilson（2012）认为，通过社会化过程，有宗教信仰的人可以获得更高的责任感，而这种责任感可以促进他们的亲社会行为，如参与志愿服务。Wilson & Musick（1997）发现，经常参加教堂活动和祈祷对人们的志愿参与有正向影响。宗教信仰不仅对信仰者本身的志愿参与产生影响，同时也通过社交网络对非信仰者产生影响。自己本身很少或从未参与宗教活动的个体如果与有宗教信仰的人结交为朋友，则会显著提升其参与志愿活动的可能性（Lim & MacGregor，2012）。但是与大部分现有研究结果不同，Saroglou（2006）发现，有宗教信仰人士的亲社会行为仅仅局限于某些非常亲密的个体。宗教信仰并不能提升信仰者对大部分陌生人的亲社会行为。与西方社会不同，中国是一个世俗社会，大部分中国城市居民没有强烈的、制度化的宗教信仰（Gilreath，2008）。因此，我们预期宗教信仰对中国城市居民的志愿行为的影响是非常有限的。

社会经济因素

已有研究表明教育对志愿参与有显著影响，而且教育对志愿参与的影响是非线性的，随着其他变量的不同其影响也不同（Huang，Maassen van den Brink & Groot，2009；Musick，Wilson & Bynum，2000；A. Omoto & Snyder，1993）。教育通过如下几个途径来影响志愿参与。首先，教育（包括正规的学校教育和非正规的培训学习等）培育了国民的公共价值和技巧，提升其认知能力，拓宽其视野。因此，受过教育的国民不但对社会问题（如贫困和孤儿）更为敏感，同时受过教育的人也更有可能被要求去参与志愿活动（Bekkers & Wiepking，2011；Brady，Verba & Schlozman，1995）。其次，具有较高教育水平的个体更有可能获得高的社会经济地位，更为宽广的社会网络，而这两者都和志愿参与正相关（Brand，2010；Gesthuizan & Scheepers，2010）。在某些情况下，教育与志愿参与之间的关系是非线性的。Taniguchi（2010）发现，在日本高中毕业的个体比起其他教育水平的人都更可能参与志愿活动。在中国，正式的学校教育传播了传统的中国道德价值，例如对贫者的悲悯与帮助。因此，我们期望教育对草根 VSOs 组织的志愿参与有正向影响；对于政府组织的志愿参与没有影响。

经验研究对收入和志愿参与之间的关系是混合的，不存在统一的模式。Lee & Brudney（2009）基于理性选择理论，表明工资与志愿参与的概率之间具有负相关关系。换言之，工资越高的个体，参与志愿服务的可能性越低。但是，如果收入用家庭收入来测量，收入与志愿参与概率之间则具有非线性关系。在参与志愿活动的人群中，Freeman（1997）提出时间的价值与志愿时长负相关。Taniguchi（2010）从资源视角发现，在日本，家庭收入对人们的志愿行为几乎没有影响。

学术界对于志愿参与（捐赠时间）和慈善捐赠（捐赠金钱）之间具有互

补还是替代关系也未能达成一致意见。基于一个来自加拿大的数据集，Apinunmahakul，Barham & Devlin（2009）发现，时间捐赠和金钱捐赠之间具有互补关系。与之相反，Feldman（2010）一项基于美国社会的研究表明，时间捐赠和金钱捐赠之间的关系是替代性的。

收入与志愿参与之间关系的不一致性，可能源于不同文献在如何测量"收入"方面的不一致所造成的。例如，有的研究用个体的工资来测量收入，有的研究则用人均家庭纯收入来测量。由于我们的研究不仅包括就业者，同时也包括非就业者，因此本研究使用家庭收入来分析收入与志愿参与之间的关系。鉴于政府组织的志愿参与往往采用自上而下的行政性动员策略，因此我们预测家庭收入对政府组织的志愿参与没有影响。至于草根 VSOs 组织的志愿参与，考虑到志愿参与尚未被中国的广大的中产阶层所认可，所以我们预期，收入与草根 VSOs 组织的志愿活动之间没有显著关系。

工作能够提供很多促进志愿参与的资源。例如，工作可以拓展个体的社交网络，发展公共参与技巧，提升自尊（J. Wilson，2012）。然而，另一方面，工作限制了个体社会参与的时间。至于工作时间和志愿参与之间的关系，现有经验研究的结果也是不一致的。Einolf（2011a）研究发现美国社会每周工作 34 小时的人士参与志愿活动的概率最高。这可能是因为部分参与工作一方面既能够享有工作带来的溢出效应；另一方面又有充足的时间。然而，Taniguchi（2010）则发现在日本，退出劳动力市场的人士比兼职工作者、失业者的志愿参与水平都高；全职工作者和退出劳动力市场者的志愿参与程度则没有显著差异。正如前文所提及的，在中国很多志愿参与是由政府组织的，因此，与已有文献不同，我们预期花费在工作上的时间对志愿行为没有显著影响。反之，我们认为工作单位的类型（如党政机关）会对个体的志愿参与产生显著影响。故而，我们的研究包括工作单位类型变量，不包括工作时长变量。

社会资本因素

尽管学界普遍认为社会资本能够显著促进合作，但是对于社会资本的具体含义和如何测量则存在不同意见。本研究采用 Putnam（1995）所给出的社会资本的定义，即"社会组织的特征，如信任、规范和网络能够通过促进合作来提升一个社会的效率”。一般而言，社会网络和信任是常用来解释社会资本和志愿参与之间关系的两个维度。

具有较广的社会网络可以促进志愿参与，因为被招募是参与志愿的重要驱动机制之一（Bekkers & Wiepking，2011；Freeman，1997）。Musick，Wilson & Bynum（2000）研究发现，被招募能够提升 45% 的志愿参与率。Paik & Navarre-Jackson（2010）认为，黏合社会网络（bonding social networks）和桥社会网络（bridging social networks）对志愿行为有不同的影响。黏合社会网络一般通过社会压力来驱动个体参与志愿服务，而桥社会网络一般通过提供有价值的信息来源来促进个体的志愿行为。然而，也有实证研究给出相反的结果。例如，Brown & Ferris（2007）基于美国社会的调查研究发现，社会网络（测量指标为个体社团网络）对志愿参与没有显著影响。学术界之所以对社会网络与志愿参与之间的关系没有一致性结果，一个重要的原因是在不同研究中，测量社会网络的指标不一样。对于中国社会而言，我们预期社会网络对于草根 VSOs 组织的志愿参与有显著影响；然而社会网络对政府组织的志愿参与没有显著影响。

许多学者曾经研究过信任对公共参与的影响（A. Brooks，2005；Brown & Ferris，2007；Delhey，Newton & Welzel，2011；Uslaner，2002；L. L. Wang & E. Graddy，2008；Wu，Zhao，Zhang & Liu，2018）。Fukuyama（1995）认为信任降低了社会中各类交换中固有的不确定性，因此对构建合作的基础极有益处。Brown & Ferris（2007）基于美国社会的实证研究表明，信任规范（测量指标为信任他人和社区）与志愿参与具有显著的正相关关系。Taniguchi（2013）基于日本社会的实证研究表明，广义信任（the generalized trust）能显著促进偶发的志愿参与（irregular volunteering），但是对于有规律的志愿参与（regular volunteering）的影响很弱，甚至没有影响。

中国人通常将他的社会关系根据远近亲疏分为三个同心圆区域。家庭成员居于最中心的区域；熟悉的亲朋好友则属于中间的圆，在这个圆内的人们通过日常的面对面接触，彼此之间发展形成了特殊信任（particular trust）。社会上大部分其他人则居于最外面的圆形区域，个体与属于这个区域的人之间的信任被称为广义信任（the generalized trust）（Chen，1994；Fei，1948；J. D. Luo，2005；Yamagishi & Yamagishi，1994）。鉴于已有的研究发现，我们假设广义信任对两类志愿参与均有显著正面影响，而对朋友和亲友的信任则对两种类型的志愿参与均没影响。

Wu，Zhao，Zhang & Liu（2018）研究发现，制度信任可以显著地促进中国城市居民的公益行为。然而，Wu，Zhao，Zhang & Liu（2018）的研究没有区分对中央政府的信任和对地方政府的信任。事实上，中国人对中央政府的信任和对地方政府的信任是非常不同的。因此，本研究使用如下三个指标来测量制度信任：对中央政府的信任、对地方政府的信任和对居委会的信任。

Shi（2001）研究发现，中国人对中央政府的信任是基于一种正向的期望，因为传统的中国文化是将个体与国家之间的关系定义为等级分层的。与之相反，中国人对地方政府的信任是基于地方政府实际的所作所为。简言之，某些地方政府出现办事不公、腐败、效率低等现象会激励居民的公共参与（如志愿参与是其中一种）。因此，我们假设对中央政府的信任与两种志愿参与均有显著的正相关关系，而对地方政府的信任与草根 VSOs 组织的志愿参与有显著的负相关关系，与政府组织的志愿参与没有显著关系。

至于对居委会的信任，考虑到中国现阶段政府组织的大量志愿活动都需要居委会的协助才能实施完成，因此我们预期对居委会的信任与政府组织的志愿活动有显著的正相关关系，而对居委会的信任与草根 VSOs 组织的志愿参与之间不存在显著的相关关系。

此外，由于网络在中国城市的普及，许多草根 VSOs 组织的志愿活动都是通过网络发起的，因此我们假设网络信任（on-line trust）对草根 VSOs 组织的志愿参与有显著正向影响，而对政府组织的志愿参与没有显著影响。

政治资本因素

在中国，政府组织的志愿参与是非常普遍的。因此，中共党员，在党政机关或者大型国企工作的员工具有更多的志愿参与机会（Jian-guang，2014）。本研究使用两个变量（中共党员身份和单位类型）来测量政治资本。鉴于政府组织志愿参与和草根 VSOs 组织志愿参与的不同动员策略，我们假设中共党员或者工作单位为党政机关/大型国企的城市居民更可能参与政府组织的志愿活动，而党员身份和单位类型对草根 VSOs 组织的志愿参与没有显著影响。

第三节　研究方法

一、变量

1. 因变量：志愿行为

本研究所用因变量是被访者在2012年所贡献的志愿服务时间长度（多少小时）。在问卷中，该变量由三个问题来测量。第一个问题是："你2012年是否参与过由正式的志愿组织发起的志愿服务?" 答案为"是"的被访者需要继续回答2012年参与志愿服务总的时间长度和参与志愿服务的途径。2012年没有贡献任何志愿服务的被访者被赋值0。问卷中有关志愿服务参与途径被分为六类：（1）党政机关或大型国企组织的志愿活动；（2）中国青年志愿者协会；（3）中国社区志愿者协会；（4）草根VSOs；（5）宗教组织；（6）其他非政府组织。本研究将党政机关/大型国企或者政府发起的VSO（主要包括中国青年志愿者协会和中国社会志愿者协会）所组织的志愿服务称为政府组织的志愿参与，而由草根VSOs、宗教组织和其他社会组织所组织的志愿服务称为草根VSOs组织的志愿参与。

2. 自变量

本研究一共包括四类自变量。（1）人口统计学因素（性别、年龄、婚姻状态和宗教信仰）；（2）社会经济地位（教育和家庭收入）；（3）社会资本变量（社会网络和信任）；（4）政治资本变量（中共党员身份和单位类型）。

人口统计学变量。本研究将男性编码为0，女性编码为1。年龄变量是一个用于测量经历或者经验的连续变量。考虑到已有文献表明年龄和志愿参与之间的非线性关系，本研究不仅包括年龄本身，同时也包括年龄的平方（Bekkers, 2004；Einolf, 2009；Gallagher, 1994；B. Suanet et al., 2009；Taniguchi, 2010）。婚姻状态为属性变量，具有如下四个类别：1 = 已婚（参照类别）；2 = 离婚；3 = 丧偶；4 = 从未结婚。宗教信仰变量的编码为：1 = 有宗教信仰；0 = 没有宗教信仰。

社会经济地位变量。教育为定序变量，一共有三个类别：1 = 小学及以下；2 = 初中或高中（参照类别）；3 = 大专及以上。家庭收入基于人均可支配收入的五分位数而定义：1 = 低收入组；2 = 中低收入组；3 = 中等收入组；4 = 中上收入组；5 = 高收入组。

社会资本变量。本研究包括社会资本的两个维度：信任和社会网络。其中信任分为六种类型：(1) 对中央政府的信任；(2) 对地方政府的信任；(3) 对居委会的信任；(4) 广义信任；(5) 特殊信任；(6) 网络信任。对政府的信任由三个问题所测量：(1) 你在多大程度上信任中央政府？(2) 你在多大程度上信任地方政府？(3) 你在多大程度上信任居委会？广义信任由如下问题测量“你觉得社会上大多数人可信吗？”特殊信任由被访者对亲戚朋友的信任所测量，而网络信任由被访者对微博的信任所测量。本研究用李克特测度来衡量响应者的信任程度：“1 = 完全不信任”至“5 = 完全信任”。

我们使用边燕杰等提出的“拜年网”来测量社会资本的网络维度。网络的规模等于在2012年春节期间和被访者有彼此拜年互动的人数。网络异质性（heterogeneity of network）等于在2012年春节期间和被访者有彼此拜年互动的人所从事职业的类型。

政治资本变量。本研究使用两个变量测量个体的政治资本：是否为中共党员和工作单位类型。如果被访者具有中共党员身份则赋值为1，否则赋值为0。工作单位类型为属性变量：1 = 党政机关（参照类别）；2 = 事业单位或者大型国企；3 = 其他单位类型（包括所有不属于1、2的全职工作人员）；4 = 失业或者退出劳动力市场；5 = 灵活就业（包括没有固定工作单位者，兼职者，但是不包括从事兼职工作的在校大学生）。

二、模型

考虑到60.7%的被访者的志愿时长删失，因此本研究采用Tobit回归来分析影响中国城镇居民志愿行为的因素。Tobit回归主要用于分析因变量具有删失的数据，即有很多样本其因变量的真实值无法观测到（Tobin，1958b）。Tobit回归刻画了自变量的两种效应：一是对志愿时长的影响；二是对是否参与志愿活动的影响。本研究采用稳健的标准误差估计，即考虑到所用调查中采用了多阶段抽样方法，所以在计算标准误差时对类内相关性（within-cluster correlations）进行了调整。

第四节　数据分析结果

表1－1呈现了本研究所使用变量的描述统计结果，其结果根据被访者2012年是否参与志愿活动分为两组，并且显示了两组均值之间是否具有显著差异。表1－1显示志愿服务时长的数据严重左偏（即偏向0）。2012年大约40%的中国城市居民参与过志愿服务。在参与者中，其均值和中位数分别为21小时和6小时。表1－1显示志愿参与者和非参与者很多变量的均值存在显著差异。志愿者通常比非志愿者年轻，然而差异比较小。与非志愿参与者相比，参与者所构成的群体中已婚者比例较高，丧偶者比例较低。因为中国是一个世俗国家，所以有明显宗教信仰的人不多。在志愿者群体中，9%的个体宣称他们有宗教信仰。而在非志愿者群体中，有宗教信仰的个体仅为6%。在志愿者参与群体中，具有大专及以上学历的个体所占比例高于非志愿者群体，然而在志愿者群体中，具有小学及以下教育水平的个体所占比例则低于非志愿者群体。就收入而言，志愿者群体的人均可支配收入略微高于非志愿者群体，但是该差异统计上不显著。

表1－1　描述统计量，依据2012年是否参与过志愿服务分组

	志愿者（$n=2121$）		非志愿者（$n=3156$）	
	M	SD	M	SD
因变量				
志愿小时数［0，1200］***	20.67	58.06	0	0
人口统计学变量				
性别［0，1］***	0.45	0.50	0.48	0.49
年龄［18，90］***	47.74	13.28	49.10	15.07
婚姻状态				
已婚［0，1］**	0.82	0.38	0.76	0.42
离婚［0，1］	0.05	0.21	0.06	0.23
丧偶［0，1］***	0.04	0.20	0.08	0.27

续表

	志愿者 (n=2121)		非志愿者 (n=3156)	
	M	SD	M	SD
从未结婚 [0, 1]	0.09	0.28	0.10	0.30
宗教信仰 [0, 1]**	0.09	0.29	0.06	0.24
幸福感 [1, 5]***	3.93	0.76	3.70	0.77
教育				
小学及以下 [0, 1]***	0.06	0.23	0.10	0.30
初中或高中 [0, 1]***	0.55	0.50	0.62	0.48
大专及以上 [0, 1]***	0.39	0.49	0.27	0.45
家庭人均收入 [1, 5]**	2.96	1.44	2.82	1.43
社会资本				
广义信任 [1, 5]***	3.06	0.85	2.84	0.85
对朋友的信任 [1, 5]***	4.02	0.67	3.90	0.71
对亲戚的信任 [1, 5]***	4.57	0.65	4.51	0.66
对中央政府的信任 [1, 5]***	4.52	0.73	4.31	0.79
对地方政府的信任 [1, 5]***	4.34	0.79	4.12	0.87
对居委会的信任 [1, 5]***	4.40	0.70	4.10	0.81
网络信任 [1, 5]***	2.39	0.90	2.29	0.87
网络规模 [10, 98]	37.01	20.81	36.18	18.36
网络异质性 [2, 24]***	10.44	5.27	9.34	4.98
党员身份 [0, 1]***	0.33	0.47	0.17	0.37
工作单位和就业状态				
党政机关 [0, 1]***	0.09	0.28	0.03	0.17
事业单位或国企 [0, 1]	0.16	0.36	0.11	0.32
其他单位类型 [0, 1]	0.30	0.46	0.29	0.45
失业或者退出劳动力市场 [0, 1]***	0.36	0.48	0.42	0.49
灵活就业 [0, 1]***	0.09	0.29	0.15	0.35

注：*** 在0.01水平上显著，** 在0.05水平上显著。

在平均意义上，志愿者群体所有信任变量的得分均高于非志愿者群体。具体而言，志愿者群体对亲戚的信任得分为4.57（满分为5），随后是对中央政府的信任（4.52），对居委会的信任（4.40），对地方政府的信任（4.34），对朋友的信任（4.02），广义信任（3.06）和网络信任（2.39）。正如表1－1所示，对亲戚的信任和对中央政府的信任是非常接近的，远远高于广义信任。在非志愿者群体中，我们也可以识别出相同的信任模式。

志愿者群体的社会网络异质性的均值略微高于非志愿者群体，而且该差异在0.01水平上显著。然而志愿者群体的社会网络规模与非志愿者群体之间没有显著差异。

在志愿者群体中，33%为中共党员，比非志愿者群体高出16个百分点。与非志愿者群体相比，志愿者群体有更高比例的人在党政机关工作。然而在非志愿者群体中失业、退出劳动力市场或者灵活就业的比例显著高于志愿者群体。

表1－2给出了根据志愿参与类型对志愿者进行分组后各变量的均值。正如表1－2所示，两种志愿参与具有显著差异。首先，草根VSOs所组织志愿活动的参与者2012年平均志愿时间是26.88小时，而政府所组织的志愿服务参与者2012年平均志愿时间是19.34小时。两类志愿者在人口统计学方面也存在显著差异。草根VSOs所动员的志愿者主要是女性、年轻人、具有更高的家庭收入。然而，政府所动员的志愿者具有更高的教育水平，更多党员和更可能在党政机关、事业单位和大型国企工作。草根VSOs所动员志愿者具有更高的广义信任和网络信任，同时具有更广的社会网络。与之相反，政府动员的志愿者更为信任地方政府和居委会。值得指出的是，两种类型的志愿参与者均对中央政府有较高的信任。

表1－2　描述统计量，依据不同志愿参与类型分组

	志愿者（n＝2121）		非志愿者（n＝3156）	
	M	SD	M	SD
因变量				
志愿小时数［0，1200］***	19.34	55.76	26.88	68.18
人口统计学变量				
性别［0，1］	0.54	0.49	0.56	0.49
年龄［18，90］**	47.98	12.97	46.56	14.48

续表

	志愿者（n =2121）		非志愿者（n =3156）	
	M	SD	M	SD
婚姻状态				
已婚［0，1］**	0.83	0.38	0.79	0.40
离婚［0，1］	0.05	0.22	0.04	0.19
丧偶［0，1］	0.04	0.20	0.05	0.21
从未结婚［0，1］***	0.08	0.27	0.12	0.33
宗教信仰［0，1］**	0.08	0.28	0.11	0.32
幸福感［1，5］	3.93	0.76	3.97	0.77
教育				
小学及以下［0，1］***	0.06	0.24	0.03	0.18
初中或高中［0，1］***	0.54	0.49	0.60	0.49
大专及以上［0，1］***	0.36	0.48	0.28	0.44
家庭人均收入［1，5］**	2.94	1.45	3.08	1.40
社会资本				
广义信任［1，5］**	3.05	0.85	3.12	0.82
对朋友的信任［1，5］	4.02	0.65	4.02	0.70
对亲戚的信任［1，5］	4.57	0.66	4.56	0.62
对中央政府的信任［1，5］	4.53	0.72	4.51	0.74
对地方政府的信任［1，5］***	4.36	0.77	4.26	0.85
对居委会的信任［1，5］**	4.42	0.69	4.33	0.74
网络信任［1，5］***	2.45	0.97	2.65	0.97
网络规模［10，98］***	36.17	20.41	40.73	21.91
网络异质性［2，24］	10.42	5.22	10.59	5.46
党员身份［0，1］***	0.34	0.47	0.29	0.46
工作单位和就业状态				
党政机关［0，1］***	0.09	0.28	0.06	0.24
事业单位或国企［0，1］***	0.27	0.45	0.21	0.41
其他单位类型［0，1］**	0.19	0.38	0.23	0.42
失业或者退出劳动力市场［0，1］	0.36	0.48	0.38	0.48
灵活就业［0，1］	0.09	0.28	0.11	0.31

注：*** 在0.01水平上显著，** 在0.05水平上显著。

表 1 -3 给出了 Tobit 回归结果。因为 Tobit 回归系数的解释并不像普通回归模型那样简单，所以表 1 -4 给出 Tobit 回归的边际效应。就人口统计学变量而言，正如我们所预期的，志愿行为的确存在性别差异。在两类志愿参与中，女性均比男性贡献了更多的时间。年龄的系数显著为正，年龄平方的系数显著为负表明年龄对两种类型的志愿参与具有显著的非线性影响：志愿水平随着年龄增加而升高，但是当到达其峰值后，志愿参与水平会随着年龄增加而下降。就婚姻状态的影响而言，已婚人士比丧偶者贡献了更多的政府组织的志愿服务。与我们的预期相反，婚姻状态变量对草根 VSOs 所组织的志愿参与没有影响。Tobit 估计结果表明，尽管宗教对于政府组织的志愿服务没有显著影响，但是具有宗教信仰确实能够显著促进个体参与草根 VSOs 所组织的志愿活动。具有宗教信仰的个体比没有宗教信仰的个体能够多贡献 17% 的志愿服务。

表 1 -3　志愿参与的 Tobit 模型分析结果

	政府组织的志愿参与		草根 VSOs 组织的志愿参与	
	系数	SE	系数	SE
人口统计学变量				
性别	0.51***	0.15	0.79***	0.14
年龄	0.12***	0.03	0.06	0.07
年龄平方	-0.001***	0.00①	-0.001***	0.00②
婚姻状态				
已婚 [ref.]				
离婚	0.06	0.23	-0.63	0.83
丧偶	-0.74**	0.25	-0.16	0.55
从未结婚	0.08	0.28	0.44	0.46
宗教信仰	0.39	0.30	1.60**	0.53
幸福感	0.33*	0.15	0.63*	0.27

① agesquared 的 SE 是 0.0002。

② agesquared 的 SE 是 0.0006。

续表

	政府组织的志愿参与		草根VSOs组织的志愿参与	
	系数	SE	系数	SE
教育				
小学及以下［ref.］				
初中或高中	0.13	0.22	1.54**	0.59
大专及以上	0.28	0.31	1.55**	0.50
家庭人均收入	-0.09	0.06	0.14	0.13
社会资本				
广义信任	0.37***	0.09	0.58**	0.21
对朋友的信任	-0.01	0.13	-0.08	0.28
对亲戚的信任	-0.06	0.15	-0.24	0.36
对中央政府的信任	-0.02	0.19	0.91**	0.30
对地方政府的信任	-0.30	0.19	-0.63*	0.31
对居委会的信任	1.00***	0.22	0.82*	0.41
网络信任	-0.02	0.12	0.40*	0.12
网络规模	-0.01	0.01	0.02**	0.01
网络异质性	0.05	0.03	0.05	0.04
党员身份	1.10***	0.19	1.42***	0.38
单位类型与就业状态				
党政机关［ref.］				
事业单位或国企	-0.32	0.21	0.05	0.56
其他单位类型	-1.02***	0.23	-0.08	0.61
失业或者退出劳动力市场	-0.88***	0.24	0.17	0.65
灵活就业	-1.29***	0.43	-0.38	0.58

注：$^{*}p<0.05$，$^{**}p<0.01$，$^{***}p<0.001$（双尾）。

表1-4　Tobit模型的边际效应

	政府组织的志愿参与		草根VSOs组织的志愿参与	
	dy/dx	SE	dy/dx	SE
人口统计学变量				
性别	0.18***	0.05	0.09**	0.03
年龄	0.04***	0.01	0.01	0.01

续表

	政府组织的志愿参与		草根 VSOs 组织的志愿参与	
	dy/dx	SE	dy/dx	SE
年龄平方	-0.0004***	0.00①	-0.0001***	0.00②
婚姻状态				
已婚［ref.］				
离婚	0.02	0.08	-0.07	0.09
丧偶	-0.27***	0.08	-0.02	0.06
从未结婚	0.03	0.09	0.05	0.05
宗教信仰	0.14	0.10	0.17*	0.08
幸福感	0.12*	0.06	0.07*	0.03
教育				
小学及以下［ref.］				
初中或高中	0.05	0.08	0.17**	0.06
大专及以上	0.10	0.11	0.18*	0.09
家庭人均收入	-0.03	0.02	0.12	0.01
社会资本				
广义信任	0.13***	0.03	0.06**	0.02
对朋友的信任	-0.01	0.04	-0.02	0.03
对亲戚的信任	-0.02	0.05	-0.03	0.04
对中央政府的信任	-0.01	0.07	0.10*	0.05
对地方政府的信任	-0.11	0.07	-0.07***	0.02
对居委会的信任	0.36***	0.07	0.09**	0.04
网络信任	-0.01	0.04	0.04*	0.02
网络规模	-0.01	0.02	0.02*	0.01
网络异质性	0.15	0.01	0.01	0.01
党员身份	0.39***	0.06	0.15**	0.05
单位类型与就业状态				
党政机关［ref.］				

① agesquared 的 SE 是 0.00012。

② agesquared 的 SE 是 0.00073。

续表

	政府组织的志愿参与		草根 VSOs 组织的志愿参与	
	dy/dx	SE	dy/dx	SE
事业单位或国企	-0.11	0.07	0.01	0.06
其他单位类型	-0.37***	0.08	-0.01	0.07
失业或者退出劳动力市场	-0.32***	0.08	0.02	0.07
灵活就业	-0.47***	0.14	-0.04	0.06

注：* $p<0.05$，** $p<0.01$，*** $p<0.001$（双尾）。

就社会经济地位变量而言，正如我们的预期，家庭收入对两类志愿服务都不存在显著影响。教育对个体参与草根 VSOs 组织的志愿活动有显著的正向影响，但是对政府组织的志愿参与没有影响。

Tobit 分析结果表明，信任确实会促进志愿参与。广义信任和对居委会的信任均能显著提升政府组织的志愿参与。然而，与我们的预期不同，对中央政府的信任对政府组织的志愿参与没有显著影响。广义信任、网络信任、对中央政府的信任和对居委会的信任均能显著提升草根 VSOs 组织的志愿参与，然而对地方政府的信任则和草根 VSOs 所组织的志愿参与具有显著的负相关关系。正如我们所假设的，社会网络规模对政府组织的志愿参与没有显著的影响，对草根 VSOs 组织的志愿参与则有显著的正向影响。社会网络异质性与两类志愿参与均具有显著的正相关关系。

正如我们的预期，中共党员身份会显著提升政府组织的志愿参与。但是，与我们假设不一致的是 Tobit 回归分析发现中共党员身份同时也显著提升了草根 VSOs 组织的志愿参与。研究发现，党员比非党员多贡献了39%的政府组织的志愿服务和15%的草根 VSOs 所组织的志愿服务。研究发现，单位类型对政府组织的志愿服务具有显著影响。然而，正如我们所预期的，单位类型对于草根 VSOs 所组织的志愿参与没有显著影响。此外，我们的研究结果显示，个体志愿参与水平和其幸福感存在显著的正相关关系。

第五节　讨论与建议

中国人的志愿参与随着改革开放得到了快速发展。中国人志愿行为的价值基础包括中国传统文化中的与人为善和悲天悯人，现代社会的雷锋精神等。此外，西方社会的志愿精神对中国志愿行为的发展也有显著影响。中国社会志愿行为的一个显著特征是政府在发起、组织和促进志愿活动方面起到了重要作用。因此，本研究把中国社会的志愿行为分为政府组织的志愿参与和草根 VSOs 组织的志愿参与（Hustinx，Handy & Cnaan，2012；Smith，2014；Y. Xu，2014）。

本研究基于中国 27 个城市 5277 份问卷，研究了“谁在贡献自己的时间”和“为什么某些人比其他人更愿意参与志愿活动”。我们的研究发现草根 VSOs 组织的志愿活动与美国和日本社会的志愿活动有很大的相似性。人口统计学变量（如性别和宗教），社会经济地位（如教育）和社会资本变量（如广义信任和社会网络）等变量均对解释草根 VSOs 所组织的志愿参与有显著贡献。也许本研究最令人感兴趣的发现是：草根 VSOs 组织的志愿参与和对中央政府的信任之间具有显著正相关关系，而与对地方政府的信任之间具有显著负相关关系。该发现与我们的预期一致。政府组织的志愿参与和草根 VSOs 所组织的志愿参与背后的驱动力是不同的。具体而言，政府组织的志愿参与倾向于使用自上而下的行政化的动员策略。除了行政动员策略外，政府组织的志愿参与经常是通过居委会来实施完成的。另一方面，草根 VSOs 组织的志愿参与所需要资源与西方社会基本类似，但是中国也存在独特之处，即对中央政府的信任和党员身份能够显著提升其参与水平。

本研究的发现能够为政府制定相关政策提供实证依据，同时帮助非政府组织更好地瞄准潜在的志愿者。笔者预期两种类型的志愿参与在中国会长期存在。因此，未来一个很有意义的研究问题是这两种志愿参与之间如何相互影响。

需要说明的是，本研究具有一定局限。首先，社会资本和志愿参与之间具有双向影响的关系，因此在 Tobit 回归模型中，社会资本变量为内生变量。我们本应该通过工具变量来解决内生问题。然而，由于数据的局限，不存在合适的内生变量。其次，本次问卷调查是通过居委会的协助完成的，因此本研究中有关对居委会信任的测量可能存在正向偏差。

第二章　文化资本与志愿行为

本章采用2011年中国27个城市居民公益行为的调查数据，运用Tobit模型探讨文化资本与志愿行为之间的关系，发现教育、政治面貌、宗教信仰等文化资本变量对志愿行为有显著正向影响。同时，发现当前中国志愿服务主要参与者的特征是：中低收入、中共党员、受过一定的教育、在党政机关或者国有企事业单位工作。模型结果还显示：中国城市居民有着清晰的跨越不同生命周期的志愿行为模式，年龄和志愿行为参与倾向之间呈现出典型的“倒U形”关系。依据本章的实证结果，可提出如下政策建议：通过弘扬中华民族传统美德来加强公众的文化资本，提高其参与志愿服务的倾向，最终引导大众将遵守道德准则作为生活中必要的一部分。

第一节　引　言

国际上，关于发达国家居民志愿行为的学术研究发轫于20世纪70年代，现今已经有颇为丰富的成果，Wilson于2012年对此做了很全面的综述（Wilson，2012），在此不再赘述。在这些研究中，志愿行为的原因和内在驱动最为吸引学者的注意力，特别是不同文化背景国家间志愿行为的比较研究。

正如Anheier和Salamon所指出的：志愿行为是一种文化和经济现象，是一种社会组织方式，不同国家和不同的政治体制下，人们参与志愿服务的频率和原因有着显著的差异（Anheier and Salamon，1999）。美国等西方国家的志愿行为主要是发自民间的自组织行为，与其不同的是，中国人的志愿行为既包含自下而上发自民间的自组织行为，也包括自上而下的政府主导行为。如，社区志愿服务协会和青年志愿者协会是当前中国志愿服务的两支重要力量，这两个组织都接受政府的领导和资源支持。

所以，由此而产生一个有意思的问题：当前中国居民志愿行为的驱动因素和西方社会的有什么不同？比如，Wilson 和 Musick 认为，在美国志愿服务是一种由道德和社会规范引导的行为，文化资本发挥着重要作用（Wilson and Musick，1997）。那么在中国这样一个大部分志愿行为构成比较复杂的社会中，文化资本在驱动志愿行为方面起着什么样的作用，是一个值得研究的问题。本研究将利用2011 年全国 27 个城市居民的志愿行为调查问卷数据，考察文化资本对志愿行为的影响，并尝试给出合适的解释逻辑。研究文化资本对志愿行为的影响有助于我们探讨志愿行为的社会根源，理解为什么有些人会无偿地贡献自己的时间。

第二节　文化资本与志愿行为

一、文化资本概念界定

文化资本概念由法国学者布迪厄提出，布迪厄最初用文化资本来解释出身于不同社会阶层的孩子取得不同学术成就的原因。此处文化资本的原意是指对社会上层文化的熟悉和掌握程度，它包括各种符合上层文化的行为、习惯和态度。自从文化资本这一概念被提出以来，众多学者用文化资本来解释从社会分层系统的维持到新生中产阶层的政治态度等众多社会现象。

虽然学术界对文化资本在解释社会现象方面所发挥的重要作用已经达成共识，但对文化资本的内涵还存有分歧，文化资本在不同研究中扮演不同角色，其内涵宽泛，缺乏精确定义。比如：Dimaggio 和 Useem 将其操作化为知晓上层文化；Robinson 和 Garnier 则将文化资本定义为教育文凭；Gouldner 认为能够以一种文化上可以接受的方式来与人互动交流是一种文化资本；Dubin 则将符合某种特定社会阶层利益的社会符号定义为文化资本；Lamont 在总结众多学者观点的基础上，将文化资本定义为制度化的、广泛分享的文化符号（态度、偏好、知识、行为、商品和文凭），这些文化符号的目的在于社会和文化的排斥（Lamont，2000）。

Wilson（Wilson & Musick，1997）在其关于美国志愿行为的研究中，对文化资本的概念进行了本质的扩展。Wilson 认为：布迪厄的文化资本概念主要论述了文化中“审美”的成分，这种观点过分看重认知，而忽略了文化中的道德成分（比如：互信、公平、善良、责任感）。通过引入道德成分，Wilson 将文化资本和更为传统的文化的表达方式“规则”（rule）联系起来。

国内对文化资本的关注与研究始于 20 世纪 90 年代，1997 年包亚明编译布迪厄的《文化资本和社会炼金术》最早介绍了布迪厄文化资本理论（布尔厄，1997）。2005 年薛晓源和曹荣湘主编的《全球化与文化资本》较为系统地收录了文化资本理论的相关研究，并对当前文化资本理论的研究趋向进行了梳理（薛晓源、曹荣湘，2005）。国内有些学者也借助文化资本理论分析中国的社会现象，如王立科研究发现，人们拥有文化资本的多寡是影响高等教育机会最直接、最重要的因素（王立科，2009）。综上，文化资本理论从原有关注社会阶层对教育成就影响的教育社会学向相关领域拓展延伸，越来越多的研究开始借用文化资本来解释社会现象背后深厚的文化根源和不同文化带来的差异。

本书所用“文化资本”一词的含义与 Wilson 界定的大致相同（Wilson & Musick，1997），即，文化资本不仅是各种符合上层文化的行为、习惯和态度，也包括宗教信仰、道德观念、社会规则等。基于前述对文化资本的定义和本研究所用数据的局限，本章选用教育、宗教信仰、政治面貌（是否为中共党员）、非正式助人行为这四个变量来测量被访者的文化资本。布迪厄将文化资本制度化为“教育文凭”，这是一种狭义的测量。教育不仅给予我们知识，而且作为一个重要的社会化过程，教育告诉我们如何决定谁值得帮助、谁来提供帮助和如何提供，这其中蕴含着重要的慈善文化因素。由于全心全意为人民服务是中国共产党一贯倡导的行为宗旨和信仰追求，因此政治面貌这个变量在中国当下的环境中是个体的一种重要的文化资本，它一方面反映了个体的价值观；另一方面也测量了中共党员这个群体的集体规范。宗教信仰测量了被访者的价值观念及信仰，一直是文化资本的重要成分。非正规助人行为反映了被访者的道德规范。

二、文化资本与志愿行为之间的关系

志愿服务是一种由道德和社会规范引导的行为，因此需要文化资本（Wilson，1997）。根据上文对文化资本的界定和测量，下面我们分别对教育、宗教信仰、政治面貌和非正式助人行为与志愿行为之间关系的已有文献进行综述。

教育一直是传统文化资本测量中最为重要的内容。大量的实证研究表明教育是影响志愿行为的一个稳定而且强烈的变量。Bekkers 认为志愿行为在具有较高教育程度的公民中更为普遍（Bekkers，2010）。荷兰的纵向跟踪数据表明，教育对志愿行为的影响是长期和持续的（Bianca Suanet，Groenou & Braam，2009）。

宗教信仰也是影响志愿行为的一个重要因素。Wilson 和 Musick 利用美国数据发现“去教堂以及祈祷的频率”对被访者的志愿行为有显著的正面影响（Wilson and Musick，1997）。Wilson 指出宗教信仰对青年参加志愿服务的影响要比性别、身份、出生地等明显得多（Wilson，2012）。Ruiter 对 53 个国家进行跨国比较发现，频繁去教堂的人会更积极地参与志愿活动，同时在宗教氛围浓厚的国家中信教人群和不信教人群志愿参与情况的差异要小于那些宗教氛围不浓厚的国家（Graaf，2006）。国内，王振耀研究了宗教在中国慈善事业转型中的作用，认为通过宗教信仰，人们会养成不同的社会价值和生活态度、生活方式。在中国，佛教已经成为中华文明的一个有机组成部分，佛教所提倡的积德行善、乐善好施等，客观上成了中国人的一种普世价值（王振耀，2012）。刘培峰论述了宗教和慈善的关系，认为宗教是慈善重要的思想渊源，一种重要的慈善组织形式。一方面，宗教对扶贫济困、社会救助发挥了积极的作用；另一方面，慈善也促进了宗教教化功能的实现（刘培峰，2012）。

虽然政治面貌和志愿行为相关关系的研究比较少，但在中国的社会背景下，政治面貌是测量文化资本不可替代的一个变量。朱凯发现，不论是参与意愿还是实际参与行动，党员的比例最高、团员次之、普通群众最低（朱凯，2005）。

非正式助人行为能够一定程度上体现出个体的道德规范，而道德规范对志愿行为有长期持久性的影响，它可以通过一些中介变量起作用，也可以直接影响志愿者行为。

第三节　描述统计和计量模型

一、数据说明

本章所用数据来自北京师范大学社会发展与公共政策学院 2011 年 8 月至 12 月在中国 27 个城市、108 个社区的问卷调查。数据的有效样本包含 5352 户家庭，14210 个个人。抽样方法为多阶段分层随机抽样。第一阶段是城市的抽取。综合考虑区域分布、人口规模和经济发展水平这三个因素，在全国共抽取了 27 个城市。第二阶段是社区的抽取。分别在每个城市抽取 4 个社区，这 4 个社区分别是老旧社区、商品房社区、单位大院和保障房社区。数据收集方法为调查员入户面访。数据包含了丰富的个人基本信息、家庭收入、支出、公益行为和意愿、工作、健康等信息。

二、变量

本书所用的因变量为“志愿服务参与时间”变量，问卷相关问题有两个：第一个：“过去一年，您是否参加过由公益机构、工作单位、社区、政府以及宗教团体等发起的志愿服务”；第二个：“您去年参加志愿服务的总时长大约有多少小时?”文化资本包括教育、宗教信仰、政治面貌（是否是中共党员）、非正式助人行为四个变量。问卷询问了被访者目前的最高学历，本研究将其分为三个类别：高中以下、高中和大专及以上。如果被访者有正式的宗教信仰（佛教、基督教、伊斯兰教、道教或其他宗教）则编码为 1，否则为 0。政治面貌，被访者若为中共党员编码为 1，否则为 0。本研究的非正式助人行为用如下变量来测量：根据过去一年给陌生人提供非正式帮助（如，让座、指路）的频率，如果被访者回答“较多”或者“经常”编码为1，否则编码为0。

计量模型中的控制变量包括年龄、年龄的平方、性别、婚姻等人口统计学变量和家庭人均可支配收入、工作等社会经济地位变量。此外，我们还控制了健康、社会支持、社区类型等变量。

表2-1 描述统计量

	志愿者 ($n=1968$)		非志愿者 ($n=3319$)	
	均值 （或百分比）	标准差	均值 （或百分比）	标准差
性别（女为1，男为0）	0.48	—	0.49	—
年龄***	45.9	12.5	49.0	15.5
婚姻***				
已婚	84.3	—	81.5	—
离婚	5.4	—	5.7	—
丧偶	3.5	—	6.5	—
未婚或其他	6.8	—	6.3	—
家中有6岁及以下孩子	12.1	—	12.9	—
家中有7—12岁孩子*	14.2	—	12.5	—
家庭人均可支配收入	17926.4	19996.4	17333.4	23281.2
教育***				
高中以下	26.2		42.0	
高中	32.9		30.5	
大专及以上	40.9		27.5	
健康***				
较差	56.3	—	57.1	—
一般	34.8	—	37.5	—
较好	8.9	—	5.4	—
困难时能够提供帮助的人数***	2.8	2.5	2.5	1.9
在本社区的居住时间（年）***	13.1	12.3	11.2	11.7
有宗教信仰***	8.2	—	6.7	—
为中共党员***	33.0	—	20.5	—

续表

	志愿者 (n = 1968)		非志愿者 (n = 3319)	
	均值（或百分比）	标准差	均值（或百分比）	标准差
过去一年是否经常给陌生人提供过非正式帮助	53.6	—	33.6	—
你会帮助社区里的其他人***	62.1	—	45.0	—
工作状态***				
在党政机关工作	10.9	—	3.4	—
在国有集体企事业单位、社会团体工作	31.4	—	20.4	—
在私营企业或者个体经营	25.8	—	24.6	—
在校学生	0.5	—	0.7	—
离退休	20.7	—	33.7	—
失业下岗	5.7	—	5.9	—
因家庭成员需要照顾而不工作	1.9	—	4.6	—
因生病、残疾而不工作	1.8	—	3.9	—
不需要工作或其他	1.3	—	2.8	—
所在城市出台了地方性志愿服务法规***	70.5		65.6	
社区类型（老旧社区为参照类别）***				
老旧社区	25.7	—	25.1	—
商品房社区	24.1	—	25.7	—
单位大院	28.6	—	23.3	—
保障房社区	21.6	—	25.9	—
居住社区内志愿组织数量（个）	4.1	—	3.9	—

注：* <0.1，** <0.05，*** <0.01。

表 2－2　志愿服务时间分布

时间（小时）	百分比（%）
0	63.6
0—10	24.7
10—20	5.5
20 以上	6.2
全部	100

三、描述统计

表2－1给出了本研究所用变量在2010年参与过志愿服务群体和2010年没有参与过志愿服务群体这两个分组上的均值（或者百分比）和标准差，并对其进行了显著性检验。

37.2%的被访者在2010年参加过由公益机构、工作单位、社区、政府或者宗教团体等发起的志愿服务，他们的平均年龄为45.9岁，非志愿者的平均年龄为49.0岁。志愿者组中的已婚比例为84.3%，此比例显著高于非志愿者组。志愿者组中14.2%有7—12岁小孩，而非志愿组中有7—12岁小孩的比例仅为12.5%。志愿者组中8.9%的自评健康为较好，显著高于非志愿者组的5.6%。在家庭人均可支配收入方面，志愿者组的人均可支配收入与非志愿者组没有显著差异。在工作状态方面，参加过志愿服务的群体中，10.9%的人在党政机关工作；31.4%的人在国有企事业单位和社会团体工作，这两个比例均显著高于没有参与志愿服务的群体。志愿者组中具有大专及以上学历的人比例为40.9%，而非志愿者组中此比例仅为27.5%。

8.2%的参与过志愿服务的被访者有宗教信仰，而没有参与过志愿服务的群体中，有宗教信仰者的比例为6.7%。在参与过志愿服务的被访者中33%为中共党员，这表明中共党员是现阶段志愿服务群体的一个重要组成部分。在参与过志愿服务的群体中，53.6%的被访者过去一年经常给陌生人提供非正式帮助，而没有参与志愿服务的群体中，此比例仅为33.6%。

志愿者组居民在社区居住的平均年限为13.1年；非志愿者组为11.2年。志愿者组中“困难时能够提供帮助的人数”平均为2.8人，显著高于非志愿者组。从描述统计来看，参与志愿服务的群体在工作状态、教育、健康等方面均优于不参与志愿服务的群体。

四、Tobit计量模型

本研究使用Tobit模型来探讨中国城市居民的志愿行为和文化资本之间的关系。这是因为在5352位被访者中，62.8%的被访者志愿服务时间为0。普通最小二乘回归分析仅仅利用了志愿服务时间大于0的样本（占总体的

37.2%），这不仅大大降低了样本量，更重要的是丢失了重要的信息，因此会得到有偏差的结果。由 Tobin（1958）发展的 Tobit 模型利用了所有的观察值，其分析结果优于普通最小二乘回归模型。Tobit 模型的系数不仅包含着是否参与志愿服务概率变化的信息，同时也向我们提供了那些参与志愿服务个体在具体志愿服务时间长短上的变化信息。当运行 Tobit 模型时，本书对因变量做了对数变换。

表 2－3　Tobit 模型计量结果

变量	系数	标准误差	边际效应
性别（男性为参照类别）	0.011	0.104	0.005
年龄***	0.138	0.026	0.055
年龄的平方***	－0.002	0.000	－0.001
婚姻（已婚为参照类别）			
离婚	0.140	0.220	0.056
丧偶**	－0.713	0.241	－0.287
未婚或其他***	0.478	0.240	0.192
家中有 6 岁及以下孩子	－0.241	0.168	－0.097
家中有 7—12 岁孩子*	－0.131	0.150	－0.053
收入（最低 20% 为参照类别）***			
次低 20%	－0.119	0.152	－0.048
中间 20%	－0.370	0.158	－0.149
次高 20%	－0.372	0.166	－0.150
最高 20%	－0.654	0.171	－0.263
健康（较好为参照类别）			
一般***	0.407	0.111	0.164
较差	0.016	0.217	0.007
困难时能够提供帮助的人数**	0.072	0.023	0.029
在本社区的居住时间（年）***	0.025	0.005	0.010
教育**（高中以下为参照类别）			
高中	0.187	0.127	0.075
大专及以上	0.502	0.147	0.202
有宗教信仰***	0.658	0.178	0.265
为中共党员***	0.667	0.120	0.268

续表

变量	系数	标准误差	边际效应
过去一年是否经常给陌生人提供非正式帮助***	0.829	0.109	0.334
过去一年是否经常给乞讨者提供非正式帮助***	0.141	0.133	0.057
你会帮助社区里的其他人***	0.904	0.099	0.363
工作状态（在党政机关工作为参照类别）			
在国有集体企事业单位、社会团体工作	-0.574	0.192	-0.231
在私营企业或者个体经营***	-1.053	0.204	-0.423
在校学生***	-0.507	0.667	-0.204
离退休***	-1.174	0.248	-0.472
失业下岗***	-1.133	0.283	-0.456
因家庭成员需要照顾而不工作***	-2.078	0.357	-0.836
因生病、残疾而不工作	-1.174	0.395	-0.472
不需要工作或其他**	-2.222	0.426	-0.894
所在城市出台了地方性志愿服务法规	0.267	0.107	0.107
社区类型（老旧社区为参照类别）			
商品房社区	-0.234	0.141	-0.094
单位大院	0.142	0.140	0.057
保障房社区	0.053	0.145	0.021
居住社区内志愿组织数量（个）**	0.038	0.017	0.015

注：1. * <0.1，** <0.05，*** <0.01；2. 年龄平方的标准误差为0.00025。

第四节　实证结果

表2-3给出了Tobit模型的估计结果。计量模型结果表明：教育、宗教信仰等文化资本变量均对志愿服务行为有显著影响，此外性别、年龄、婚姻状态、收入等变量对志愿服务参与也有很大影响。

一、文化资本变量

Tobit模型结果显示：教育、宗教信仰、政治面貌、非正式助人行为这四个文化资本变量都对志愿行为有显著影响。

教育作为一种体制化的文化资本，正如我们所期望的那样，对个体志愿行为有着显著的影响。Tobit 计量结果显示：具有大专及以上学历的人比仅有高中以下教育水平个体的志愿贡献多 20.2%。而高中毕业的群体比仅有高中以下教育水平个体的志愿贡献多 7.5%。教育之所以能够促进志愿行为，本研究认为有三种路径可以解释：一是教育传播了本社会的基本道德规范。如，助人为乐、学习雷锋好榜样是陪伴几代人成长的词语。因此，学校教育通过对基本道德律的教化，间接地培育了慈善文化。二是受教育程度高的群体往往有着较高的社会经济地位，属于一个社会的主流阶层。他们占有较多的社会资源，对社会有较高的认同。三是志愿行为是一项规范的有组织的助人行为，需要一定的资本。如，法律等专业知识以及良好的人际交往沟通的能力。而教育程度高的群体比起教育程度低的群体显然更可能拥有这些资本。

宗教信仰承载着一个民族或一个群体的价值追求和伦理道德，它为个人生活提供意义，也为社会提供价值导向和行为规范。模型结果显示，有宗教信仰的群体比没有宗教信仰的群体志愿服务贡献多 26.5%。在西方社会，宗教信仰是慈善价值理念的一个重要来源。西方关于宗教信仰和志愿行为的经验研究发现：宗教信仰会提高个体的利他性，会鼓励人们去更多地为他人福利着想。在中国，儒、释、道与民间信仰一起构成了中国宗教的基本谱系，伊斯兰教、基督教等外来宗教的传入在中国传统文化海纳百川的包容中亦得到相对吸纳，这些宗教共同构建了中国传统文化的重要内容。在中国快速变迁的经济环境下，善是中国传统价值中对命运、缘分和报应等信仰的核心存在，是中国道德资本的部分。除了通过价值引导志愿行为产生影响外，中国宗教团体亦通过组织各类基金会直接引导信众参与公益，如北京市的仁爱慈善基金会。

Tobit 模型结果显示，比起非党员，中共党员每年要多贡献 26.8% 的志愿服务。为什么中共党员比起非党员会贡献更多的志愿服务？这是一个复杂而有趣的问题。首先，中国现阶段的志愿行为是一种嵌套在强有力的政府控制之下的行为，自上而下的组织化动员方式仍然是其重要的手段。在现行体制下，中共党员自然是首选的动员对象，如 2013 年某城市要求所有公务员必须参与某种社区服务。其次，志愿行为不仅仅为社会提供有价值的服务和物品，同时本身也是一种很好地体现志愿者是一个“好人”的方式。志愿行为作为一个象征符号，符合中共党员的身份要求。米德的符号互动论认为：符号是有一定社会意义的，事物对个体社会行为的影响，往往不在于事物本身所包含的世俗化的内容和功用，而在于事物本身相对个体的象征意义。志愿行为象征着为他人的福利着想，这与中共党员这个群体的集体规范不谋而合。比如：在发生地震等自然灾害的时候，党政机关、国有大型企业等单位总是会发出党员需要积极行动的号召。

在本研究中，我们用“过去一年是否经常给陌生人提供帮助（如让座、指路等），来测量非正式助人行为。模型结果显示，过去一年经常给陌生人提供让座、指路等非正式帮助的被访者比起其他人平均每人每年多贡献33.4%。虽然和志愿行为通过正式组织实现不同，非正式助人行为有一定的随意性和偶发性，但是两者的共同点是，他们都是为不存在义务关系的陌生人提供服务。所以，我们可以推测，这两种行为背后的价值驱动是一致的，即一种愿意为陌生人提供无偿帮助的精神，这种精神是中国社会在从熟人社会转向陌生人社会的过程中，建立陌生人信任和社会秩序的基础。值得指出的是，西方文献中关于非正式帮助的定义和本研究不同，他们通常将对朋友、亲戚等具有一定义务关系的人的帮助也定义为非正式帮助。对于此类非正式帮助行为，西方的文献研究发现：底层社会的群体更喜欢非正式的互助行为，他们在长期的共同生活中，形成了一种互惠的社会规范，用以应对各类社会问题，而中上层社会的群体则更倾向于正式的志愿服务。利用本次调查数据和卡方检验会发现：在当下的中国社会中，非正式助人行为和收入无关，但是和教育水平显著相关。

二、控制变量

Tobit 模型结果表明：除了文化资本变量外，年龄、收入、工作单位、困难时能够提供帮助的人数等变量也对中国城市居民的志愿行为有着显著的影响。

中国城市居民有着清晰的跨越不同生命周期的志愿行为模式：年龄和志

愿行为之间呈现出典型的“倒U形”关系。随着年龄的增长，志愿服务贡献增加，然后稳定在一定的水平；之后，随着年龄的增长，志愿服务会逐渐减少。此发现和美国的研究发现大致相同。在美国，从青少年转入成年初期的时候，志愿服务的参与率会降低；随着生命周期进入中年，参与率会提升；到了老年则又会下降。在当下中国，“60后”“70后”是参与志愿服务的主体。根据生命周期理论，“60后”“70后”进入了真正的成人角色：有稳定的工作、正在扮演着父母的角色、对人间疾苦有一定的切身体验；同时身体健康、具有良好的社会经济地位，这些对志愿服务参与都有正向的影响。整体而言，年龄对志愿行为的影响是间接的、非线性的，通常是生命周期、健康以及同期群（cohort）效应的综合反映。

考虑到各个城市生活成本的差异，同时中国目前尚没有合适的城市购买力评价数据来调整数据，因此，我们采用在各个城市内部依据家庭人均可支配收入划分五等分的办法，来测量被访者的收入。模型结果显示：家庭收入最低的20%被访者的志愿服务贡献和次低20%以及中等20%的被访者的志愿服务贡献没有显著差异，但是显著高过最高20%和次高20%的被访者。这是一个有趣的现象，此研究发现和美国的有关研究结果不一致。Lee和Brudney研究发现，收入对美国公民志愿行为的影响是非线性的，家庭收入处于中等收入（50000美元至74999美元之间）的被访者对志愿服务的贡献要显著高过其他群体（Lee & Brudney，2009）。为什么在当下中国，相当一部分志愿服务是由低收入群体贡献的呢？机会成本理论认为，随着收入的增加，他们的时间变得越来越宝贵。因此，高收入者更倾向于捐钱这种公益行为。利用本次调查数据的运行关于收入对捐款影响的模型表明，收入和捐款之间是正相关关系，家庭收入处在最高20%和次高20%的被访者的捐款额度显著高于中低收入者。低收入者为什么愿意贡献自己的时间去帮助别人，这是一个非常有意思的现象。笔者在福州对低收入志愿者进行访谈时，其中一个被访者认为：穷人能够真正了解穷人所遭受的疾苦，所以愿意在自己力所能及的时候多帮助别人一些。此外，进一步对调查数据进行分析发现：在低收入群体中，存在着少量忠诚度非常高的志愿者，即这些人的志愿服务时间非常长（最长者为3000小时）。正是这些忠诚度较高的志愿者拉高了低收入群体整体的志愿服务贡献。

工作单位对志愿服务也有着显著影响。在党政机关、国有企事业单位和社会团体工作的被访者对志愿服务的贡献显著高于在私营企业工作的被访者。这表明，现阶段，中国城镇志愿服务的动员方式仍然是自上而下的组织化动员，这种动员方式下的志愿行为由于缺乏真正的群众热情，所以往往流于形式，可持续性和稳定性都有待提升。

“困难时能够获得帮助的人数”这一变量测量了被访者某一维度的社会资本。模型结果显示，此变量和志愿行为之间存在显著正相关关系。西方的研究文献发现，社会资本与志愿行为之间存在交互影响关系：在提供志愿服务的过程中，需要和不同的人打交道，因为志愿行为可以提高个体的社会资本，反之，一个社会网络广泛的个体也更容易获得志愿服务的机会。此外，在社区居住时间越长，越有利于个体参与志愿行为，这也验证了已有发现：对社区认同和归属感是激发志愿行为的一个重要因素。

第五节　结论与讨论

本研究旨在利用调查数据探讨文化资本对当前中国城市居民志愿行为的影响。在此目的之下，作者采用 Tobit 模型，对 27 个城市的志愿行为进行计量分析。研究发现：教育、宗教信仰、中共党员和非正式助人行为等文化资本变量均对个体志愿行为有显著的正向影响。计量结果还显示当下中国城市的志愿服务提供者主要特征是中低收入、受过一定的教育、中共党员、在党政机关或国有企事业单位工作。这和 Smith 根据美国经验数据提出的主流阶层模型并不一致，在美国，白人、中产阶层、受过良好教育等人群是志愿服务提供的主要群体。这说明，中国独特的社会背景和中华民族的传统文化都对现阶段的志愿行为有重要影响。

正如 Anheier 和 Salamon 所阐述的：志愿行为是一种文化和经济现象（Anheier & Salamon，1999）。中国的志愿行为是在特殊群体社会保护缺失的背景下，从邻里互助、积善余庆等中国传统文化基因中催生出来的。依附于民政部门的社区志愿服务组织和由团中央发起并领导成立的中国青年志愿者协会，是中国现阶段志愿服务提供两大重要力量。交织于社区志愿服务组织和中国青年志愿者协会这两大官方志愿组织中间的，是各种从民间自发产生，并且依靠自主力量成长的志愿组织，这些组织由于体制、制度环境的不同而呈现出不同的生存状态。因此，在当前中国，文化资本对志愿行为的影响路径和背后的社会机制与西方国家是显著不同的，如中共党员的独特作用。同时，我们的实证结果也表明志愿服务提供者的特征呈现出一种斑驳的图景，如低收入者的志愿服务贡献要显著高于高收入群体。

值得指出的是，西方的志愿行为和宗教信仰有着源远流长的关系。但是与西方国家不同，中国社会中没有强大的、高度组织性的宗教。我们的调查数据也验证了这个事实，本次调查发现没有明确宗教信仰的人数是有宗教信仰人数的 11.5 倍。针对这一事实，杨庆堃先生在《中国社会中的宗教》一书提出了弥漫性宗教的概念。杨先生认为，虽然在中国社会制度框架体系下缺乏一个结构显著的、组织化的宗教，但宗教的信仰和实践却充溢于中国社会生活。弥漫性宗教信仰是一种基层支持力量，对于世俗制度和整体的社会秩序起着重要作用。如民间的“关公崇拜”，实际上是崇拜忠义和遵守诚信（杨庆堃，2007）。现代信息化社会，各种传播工具的兴起，使得一个事件的传播速度和受影响人数都是以几何级数来进行的，因此宗教信仰的影响并不仅仅局限于有明确宗教信仰的人身上。中国五大宗教教义中扬善抑恶、平等宽容、扶贫济困等因素，对于今天营造“施与文化”氛围、培育慈善价值理念、推进志愿服务等公益活动的开展具有积极的作用。

此外，工作单位类型以及政治面貌等变量的强烈显著性，也验证了现阶段行政化动员仍然是中国城镇的志愿服务参与的主导方式。其内在原因是，在现阶段，人们对政府、单位和所在社区的信任远远超过社会公益组织。在本次调查中当询问被访者“您愿意通过何种途径参加志愿服务”时：43.6% 的被访者将“所在单位或者党组织发起”作为首选途径；40% 的被访者将“所居住社区发起”作为首选途径；只有 4.9% 的人将“社会公益组织发起”作为首选。因此，发展政府帮助下的社区自治组织是发展志愿服务合适的途径之一。

当下，中国正处在从熟人社会向陌生人社会转变的过程中。在熟人社会，人与人之间靠“人情”彼此帮助，那么在陌生人社会中，人与人之间如何建立人际间的一般性信任，如何彼此帮助，这些都需要教化和培育。现有实证研究表明，志愿行为和人际间的一般性信任有互为因果的影响关系，志愿行为能够促进信任的建设，而一般性信任的提升也能催生更多志愿行为。因此，政府和社会应该创新志愿行为参与机制，如从学校入手，培育青少年从点滴做起，“勿以善小而不为”，通过教育加强公民参与志愿行为的文化资本，利用志愿服务这个载体来弘扬中国传统美德，引导大众将遵守道德准则作为生活中必要的一部分。

本研究在分析文化资本对志愿行为影响时，尚有如下遗憾：一是由于中国城市最低生活保障制度在具体操作阶段的行为要求，一般会要求领取救助金的人员参加社区的义务劳动。虽然这种行为是否是志愿行为有待商榷，但是在做问卷调查时被访者通常将其算作了志愿行为。我们将这部分样本去掉，重新拟合 Tobit 模型，仍然得到了相同的结论。二是由于本次调查的时间是2011 年的 9—10 月，大多数大学生都在大学校园学习。因此，我们本次调查对象不包括大学生群体。这是一个遗憾，因为大学生通过中国青年志愿者协会这个平台是中国现阶段志愿服务的重要贡献群体。

第三章　社会资本与慈善捐赠行为

国外关于慈善捐赠行为的研究主要是从三个视角来解释分析。第一，经济学视角。将理性选择理论扩展到了个人捐赠行为方面，即慈善捐赠行为被视为一种追求某种偏好的理性行为，如税收的减免和“温情效应”（内在的满足感）；慈善捐赠行为是一种为获得地位和荣誉等利益的价值交换。一些学者则认为：理性选择理论与利他行为之间是存在差异的；从事慈善公益事业并不是一种理性的选择，因为捐赠者不能直接消费其效益；并且经济学模型的功能主要是解释自由市场上的物品和服务，因此不适用于解释志愿部门的行为和活动。第二，心理学视角。与经济学视角相反，心理学家将慈善捐款行为与个人特质和对非营利组织的感知相联系起来；慈善捐赠行为被视为是亲社会或利他人格特征的结果。第三，社会学视角。研究者们关注了人口学特征和社会经济特征中的诸多因素，如文化程度、年龄、宗教信仰、收入水平等都会影响个人的捐赠行为。

目前，国内关于慈善捐赠行为的研究主要探讨个体捐赠的历史和发展现状（个体慈善捐赠的动机），促进个体慈善捐赠相关政策建议等方面；而关于个体慈善捐款行为影响因素的研究侧重从理论视角来解释分析，实证研究比较缺乏，并且都是基于部分地区省份的调查来分析居民个体基本特征（人口学变量、社会经济特征变量等）与其慈善捐款行为之间的关系。鉴于慈善捐赠行为的不同理论解释和实证研究结果的差异，进一步研究并综合分析个人捐赠行为是必要的，而20世纪70年代后期，在经济学资本概念内涵拓展基础上不断丰富发展起来的社会资本概念为我们分析社会力量对慈善捐赠行为的影响提供了新的机会。社会资本指的是网络、规范和社会信任，它们能够促进协调合作，实现互利共赢；社会网络提供了渠道，促进互惠规范生成，鼓励人们关注其他人的福利。利用社会资本的研究来观察个人慈善行为、献血和志愿服务的趋势，是一项有意义的研究。另外，社会资本理论不仅对社会行动者的行动动因解释更加全面深入，同时还将微观层次上的个人选择与宏观层次上的集体和社会选择结合起来形成新的分析范式。这也为深入探索研究当前中国特定的社会文化背景下个人慈善捐款行为提供了一个重要的视角和分析框架。

那么，社会资本与个体慈善捐款行为之间存在着怎样的关系？目前国外相关研究表明，个体的社会资本存量与其捐款行为之间存在着显著的强相关关系，即个体社会资本存量越高，捐赠水平越高（Brown & Ferris，2007；schervish & J. J. Havens，1997；L. Wang & E. Graddy，2008）；且不同的社会资本类型对个体的捐赠行为会产生不同的影响。而国内从社会资本视角分析慈善捐款行为主要侧重于宏观层面，即慈善团体、社区、企业等组织的社会资本存量与其本身捐款行为的关系，微观层面相关的经验研究还比较缺乏。另外，国内关于个体社会资本变量的定量测量主要基于经济学领域的社会网络资本存量的测量；而在亲社会行动领域方面，社会资本的测量方法主要侧重于宏观层次，即组织或者社区，而微观层次方面还比较欠缺。因此，中国城市居民的社会资本存量如何测量？中国城市居民的社会资本存量与其慈善捐赠行为的关系是怎样的？纳入社会资本变量后，慈善捐款行为的测量模型会发生哪些变化？这些问题都需要答案。

为回答上述问题，本章通过回顾社会资本相关理论和实证研究，确定了中国城市居民社会资本的测量维度和测量方法。并基于2013年北京师范大学在全国27个城市进行的中国公益行为调查数据库，来探索在中国当前的社会环境中，城市居民的社会资本与其慈善捐款行为之间的关系，深入探讨不同社会资本测量维度对慈善捐款行为的影响；同时通过纳入社会资本变量，对慈善捐款行为的测量模型予以重新测量，以有助于了解影响居民慈善捐款的真正因素，为慈善机构和政府有针对性地指导城市居民参与慈善捐赠活动提供依据。

第一节　文献综述

一、社会资本理论相关研究

社会资本是一个出现相对晚的概念，尽管早期学者指出社会关系的资源或资本性质，甚至使用了社会资本一词，但是直到20世纪80年代，当布迪厄、科尔曼和普特南几个社会学家独立而详细地探究这个概念时，它才引起了学术界的广泛关注。

一是资源说。国内外学者认为将社会资本概念进行界定并引入社会学领域的是法国社会学家布迪厄，他扩大了对资本狭隘的等同于经济资本的片面观点，认为资本伪装成三种形式：经济资本、文化资本和社会资本，其中社会资本“由社会义务或联系组成”，“它是实际存在或潜在的资源的集合，这些资源是与体制化的关系网络密切相关的，而这一体制化的关系网络是成员之间相互认识熟悉、相互默认或承认的关系所组成的稳定持续的网络”（包亚明，1997）。他进一步解释说：“个体在关系网络所占有社会资本的多少取决于行动者有效的运用的关系网络规模和网络中个体所占有的各种形式的资本的数量。”然而社会资本是一个确定群体的成员所共享的集体财产，这个群体有明确的边界、互相交换的义务和相互的认可。

二是功能说。科尔曼基于布迪厄的研究提出了社会资本的功能说，即他认为：社会资本不是一个单一的个体，而是包括许多社会结构的构成因素，为结构内部的个人或集体的行动提供便利；社会结构的任何一个方面是否是资本，取决于它是否对参与某种活动的某些个体发挥功能。出于这个原因，社会资本在起作用的时候才能被识别，社会资本的潜在原因解释只能通过它的结果来获得。另外社会资本是与物质资本和人力资本相并存的，都具有一定的生产性质，有助于活动目标的实现。而相比较于物质资本的有形化，社会资本是无形的，其形式主要为多功能的组织、规范和信任、信息网络、义务与期望等。此外，另外社会网络的封闭性、网络内部的信任水平、成员之间的沟通互动、组织的稳定性及组织的集体意识形态等因素均会影响社会资本的创造、保持和消亡（Coleman，1988；周红云，2003）。

三是规范说。普特南认为科尔曼的研究奠定了社会资本理论的分析框架，在继承和吸收其研究成果的基础上，他侧重于从宏观层次来解释应用社会资本理论，使得社会资本理论真正进入公众的视野并受到了国内外学者的广泛关注。1993年在《让民主政治运转起来：现代意大利的公民传统》一书中，普特南提出“社会资本是社会组织的某种特征，例如信任、规范以及网络，它们能够通过促进合作行为来提高社会的效率”（Putnam，1994）。他还指出，社会信任是社会资本必不可少的组成部分，信任是社会资本的一个重要因素，而互惠规范、公民参与网络能够促进社会信任，他们都具有高度生产性的社会资本。正是这样的社会资本使得遵守规范的公民共同体能解决他们的集体行动问题，社会信任、互惠规范及公民参与网络是相互加强的，他们对自愿合作的形成以及集体行动困境的解决势必是不可少的（Putnam，1995b；周红云，2003）。

四是国内关于社会资本理论的相关研究。国内学者代表性的观点有以下两种：一种是能力说。这个观点也与波茨、林南的观点相一致，即认为社会资本是一种获取稀缺资源的能力。如边燕杰、邱海雄在研究企业的社会资本时，将其定义为是行动者之间的关系网络及其从此网络中获取资源的能力（边燕杰，丘海雄，2000）；赵祥等在研究民营企业的成长时，将社会资本定义为在社会结构中或社会网络中个体可以从中调动或利用资源的能力等（王珺，姚海琳，赵祥，2003）。一种是社会关系网络说，即认为社会资本是社会网络关系。如张其仔从经济学的角度来分析中国当前差序格局的社会背景下，强关系形成的关系网络就是社会资本对企业的经济效益、厂商的行为选择、劳动力的流动方向等多方面的影响。

布迪厄的资源说、科尔曼的功能说到普特南的规范说以及国内学者的能力说和社会关系网络说，使得社会资本理论不断发展并日益丰富，这也为我们深入了解社会发展内在原因和社会成员的行动动因提供了一种新的研究视角和分析范式，从而也推动了学术理论的发展。从上述理论研究中我们可以发现：社会资本概念在不同的研究领域、研究视角下有着不同的解释，但大部分学者主要强调的是社会网络、社会资源以及体现这些网络中的信任、规范等；其中社会网络是指个体拥有的各种社会关系的总和，包括强关系、弱关系、正式关系、非正式关系等。社会资源是个体或组织所拥有的关系网络中所嵌入的各种资源，包括各种物质支持和精神支持，例如资金、信息、机会、情感支持、合作等。信任、规范等是衡量或判断社会关系双方关系密切程度的指标（张广利，陈仕中，2006）。因此本章主要从社会资本的关系网络、社会资源和信任规范三个方面来深入探讨个体社会资本存量与其慈善捐款行为的关系。

二、社会资本与个体慈善捐款行为之间的关系

社会资本与个人慈善行为之间具有亲密的关系：一方面，社会网络规模越大，网络中的人拥有不同的资源，通过彼此间相互的联系与交流，相互提供信息，增加渠道与机会，使个人更易去了解慈善活动，被要求参与的可能性也会越大；另一方面，在社会网络中，通过相互之间的交流，促进了广泛的信任、互惠规范和关心帮助他人的意识产生，而这种亲社会的态度会使人们更愿意去贡献自己的时间和金钱，同时也降低了人们参与慈善捐款的成本。正如普特南在《独自打保龄球》中指出：“社会网络为我们提供了招募其他人去做好事的渠道，促进了互惠规范，鼓励人们关注其他人的福利……利用社会资本来观察个人慈善行为、献血和志愿服务的趋势，是一项有意义的研究。”（Putnam，1995a）这为研究个体慈善捐款行为提供了新的视角和研究范式，也成了国内外的新兴研究领域。具体研究结果如下：

Brown，E. 和 J. M. Ferris 在探讨社会资本对慈善事业的影响时，基于 Social Capital Community Benchmark Survey 的数据库，通过因子分析提取了社会信任和社会网络作为社会资本的测量指标来分析个体社会资本存量与其慈善捐款和志愿服务的关系。研究发现：当社会变量纳入捐赠模型中时，文化程度和宗教信仰的影响程度降低了，而社会资本存量对其捐款额度具有显著的影响（Brown & Ferris，2007）。同时也表明个人拥有的网络规模越大，则更易了解慈善组织或相关捐款活动，另外被邀请参与慈善捐赠活动的机会也会增多。Sokolowski（1996）研究发现，其所调查的 80% 的被访者都是由于收到捐赠邀

请而参与到慈善活动当中。Bryant 结合经济学、心理学和社会学视角提出了一个测量慈善捐款的模型，研究发现个人拥有的网络规模越大，网络异质性程度越大，会使人们更易接触慈善事业，同时降低参与慈善捐款活动的成本（Bryant，Haekyung Slaughter & Tax，2003）。Brooks 认为，测量社会资本与个体慈善行为的关系，应真正测量不同社会资本类型与其之间的关联。因此为建立社会资本与慈善行为方面的联系，他只关注慈善捐赠方面的研究，发现不同的社会资本类型——正式联系、社会信任以及政治参与——对慈善捐赠具有不同的影响程度（A. C. Brooks，2005）。Schervish 和 Havens 研究中发现，参加一个或多个社会组织会为个体慈善捐款行为提供渠道和资源，会捐赠更多的家庭收入（Schervish & J. J. Havens，1997）。Hodgkinson 和 Weitzman（1996）通过独立部门组织的关于捐赠和志愿服务方面的调查证实了普特南的观点，即每个社会资本变量都与一个家庭的慈善贡献的可能性是高度相关的。Lili Wang 和 Elizabeth Graddy 使用社会网络资本（非正式联系、社团参与、组织活动参与度）和社会信任资本（指标为对邻居、工作伙伴、同事、当地政府、员工等的信任）来了解分析其对个人宗教捐赠和非宗教原因捐赠的影响，研究发现：社会信任水平、正式社团参与规模、网络的异质性程度均会影响慈善捐赠的额度，非正式的社会联系对任何一种慈善捐赠形式都未有显著的影响（L. Wang & E. Graddy，2008）。

国内关于个体慈善捐赠行为影响因素的研究，主要侧重于从个体社会经济地位（文化程度、经济收入）、年龄、性别、宗教信仰等视角来解释分析（刘凤芹，卢玮静，2013；刘武，杨晓飞，张进美，2010；罗公利，等，2009；马小勇，许琳，2001），而从社会资本这一视角分析慈善捐款行为主要侧重于集体层面，即慈善团体、社区、企业等组织的社会资本存量与其本身捐款行为的关系。在微观层次上，研究居民个体的社会资本存量与慈善捐款关系的目前比较缺乏。2010 年张网成教授在中国公民志愿服务调查中采用频数统计分布表描述发现社会信任水平与个体捐赠率正相关，但并没有做进一步的深入探讨。胡荣、沈珊根据 2009 年在福建、江西等四地的问卷调查数据，分析社会资本及其他因素对农村居民的慈善捐款行为的研究中发现，社会资本对个人的捐赠行为是有限的，在社会资本的各要素中，只有网络规模和社会信任中的普遍信任对个人的捐赠数额的影响具有统计显著性，而正式社团参与变量的影响不显著（胡荣，沈珊，2013）。这一研究发现也为本书研究城市居民的社会资本存量与其慈善捐款额度之间的关系提供了支持和借鉴。

通过回顾社会资本理论，我们得知从社会资本理论出发分析慈善捐款行为是一个新的研究范式和解释框架，是一项有意义的研究；同时，国外相关研究表明，个体社会资本存量对其慈善捐款行为有显著的影响。因此在中国当前社会背景下，城市居民的社会资本与其慈善捐款行为之间的关系是怎样的？纳入社会资本变量后，慈善捐款额度的影响因素模型与以前的模型相比会发生哪些变化？这些都亟待分析。而在解释分析这些问题前，需要我们先解决城市居民社会资本的测量问题。

三、社会资本测度研究

目前在不同的研究领域，学者们根据对社会资本的不同理解形成了自己的一套概念体系和解释框架，还未形成统一的测量方法，同时，社会资本理论也受到很多的批评与质疑。社会资本存量应由哪些因素来衡量？在回答这一问题前，需要我们明确社会网络、社会资源以及信任规范并不是社会资本本身这一观点：关系网络——调动并使用社会资源的途径和渠道，网络的规模、成分等决定着社会资源的存量；社会资源——个体或组织所拥有的关系网络中嵌入的各种资源的总和；社会资本——为实现目标，个体或组织能够调动和利用的嵌入于社会关系网络中的那部分社会资源；信任、规范——相互间信任程度决定着调动和利用所拥有的社会关系网络中各种社会资源的多少（张广利，陈仕中，2006）。从中可得知：关系网络的规模越大、蕴含社会资源越多、网络成员的信任水平越高，个体行动时能从中调动利用的社会资源就会越多，而个体的社会资本存量则会越大；反之，个体的社会资本存量则会越小。这表明个体的社会资本存量主要取决于关系网络的规模、网络中蕴含的资源、网络成员的信任强度。同时，国外关于个体社会资本与其慈善捐款行为方面相关研究中，社会资本的测量维度主要为：基于社会网络和基于社会信任水平。

由于社会资本是个体行动者能够调动和使用的社会资源，即称为“使用”的社会资本，而对“使用社会资本”的测量存在一定的问题，因为个体是否可以使用这种社会资本，不仅与关系网络中是否蕴含这种资本有关，而且决策使用这种社会资本这个过程与个体的需要密切相关。同时这一决策过程还会涉及心理学、宏观社会层次变量等，如果测量中将这些变量考虑进去，那么测量过程将会变得很复杂（刘金菊，孙健敏，2011）。因此，本研究基于社会网络和信任这两个维度来测量个体拥有的社会资本存量与其慈善捐款行为的关系。

1. 基于社会网络的社会资本测量

在经验研究中，微观层次的社会资本测量往往集中于对个体的中心社会网络的测量，即调查以个体为中心延伸出去的网络情况（赵延东，罗家德，2005a）。目前常用的测量方法有：提名生成法、职位生成法。

（1）提名生成法。1978年由McCallister和Fischer提出来的，是测量微观层次社会资本的比较传统的方法。这一测量方法分为两部分：第一部分是提名生成，根据不同的研究内容和研究宗旨采取不同的社会网络类型，如讨论网（研究与被访者讨论重要问题的关系网络）、互动网（日常生活中进行互动的关系网络）、支持网（为被访者提供感情或精神上的支持的关系网络）。调查者要求被访者列出相应网络中联系人的名单以及联系人之间的关系，并可得到个体的关系网络结构。第二部分是提名诠释，对第一部分被访者所列出的联系人名单询问他们的个人特征（性别、年龄、职业、收入、宗教信仰等）以及成员之间的关系强度或互动程度。通过被访者对上述两个部分问题的回答，我们可以计算出网络的结构和密度。然而，由于对提名的网络类型、提名问题和诠释问题没有严格的规定，导致不同的研究目标中产生了不一致的研究结果，并且对于得到的数据如何整合成社会资本的测量方法还未达成共识，使得不同的研究结果之间很难进行比较。目前在一些实证研究中，由提名生成法形成的一些测量指标如网络规模、网络异质性、强关系和弱关系所占的比例得到了广泛的应用（刘金菊，孙健敏，2011）。

（2）职位生成法。1986年由林南和杜敏提出，此方法着重考察的是社会网络中成员所拥有的社会资源。其假设是社会资源不是均匀分布的，每一个网络成员所拥有的社会资源数量主要取决于其所在的社会结构性地位，此研究方法以职业来代表网络成员的社会结构性地位。具体测量方法为：询问被访者的朋友、家人或者熟人中所从事的职业类型和单位类型，然后加总被访者所选择的单位类型和职业类型，并计算其得分；则这些指标便反映了个人社会网络中所嵌入的资源情况（赵延东，罗家德，2005a）。目前常用的测量指标如：网顶（在网络中获得的最高职位）、网差（职业声望之间的差异）和网络多样性（网络中职业类型数量的总和）。

中国综合社会调查（CGSS）在2006年和2008年对中国的社会资本进行测量时，为了适应中国的文化背景，在职位生成法的基础上作出了一些改变，提出了春节拜年网，即调查被访者在春节期间联系的亲属、朋友和其他人分别有多少人，并询问这些人从事的单位性质和职业类型，从而测量被访者的社会资本情况。春节拜年网是符合中国国情的，因为在中国，春节是最重要的传统节日，并且持续的时间长，交往的范围广，涉及的关系类型多，如血缘关系、地缘关系、业缘关系，等等。这些因素为调查中国居民的社会网络情况提供了一个理想的场景；同时通过此方法，可以计算被访者的社会网络规模（拜年人数）、网顶、网差和网络多样性。这些都是反映社会资本的重要指标（边燕杰，2004；胡荣，胡康，2008；赵延东，2006）。

我们在利用个体中心社会网络测量微观层次的社会资本时，形成了关于社会网络结构和社会资源的一系列测量指标。但应认识到，在慈善捐款行为的研究领域，并非所有的指标都适用于对中国城市居民社会资本的测量。因此，我们在利用社会网络来研究中国城市居民的社会资本存量时，需进一步确定，哪些指标可以用来测量个人拥有的社会资本。

布迪厄认为，个体占有社会资本多少取决于两个因素：一是运用联系的网络规模——联系的人数、网络的数量；二是网络中每个成员所占有的资本数量——不同职业背景或拥有的权利及其所处的位置。同时，科尔曼认为，个人的社会资本拥有量与个人参加的社会团体数量成正比，参加的社会团体数量越多，则其社会资本存量越多。林南认为，个体拥有的社会资本存量主要与个体的关系网络的异质性程度、个体与网络成员间的关系强度和网络成员的不同地位有关。同时国外学者在研究个体社会资本与其慈善捐款行为的关系时，基本上也是从网络多样性和个人网络规模（非正式网络、正式网络）

这两个指标来分析个体社会网络资本。具体测量如下：

社会网络总体上包括“紧密型”（bonding）和“跨越型”（bridging）网络（Putnam，1994）。前者涉及同质群体之间组成的网络；后者是异质群体组成的，其代表了人们之间关系的多样化程度，拥有来自不同社会背景朋友的个体被认为更加开放和尊重他人，更易支持各种慈善事业，从而会影响其社会网络的多样性（L. Wang & E. Graddy，2008）。Brown，E. 和 J. M. Ferris、Lili Wang、Elizabeth Graddy 在测量被访者网络多样性程度时，通过列举 11 种朋友类型：个体工商者、工人、退休者、宗教信仰者、白人、拉丁美洲人、亚洲人、黑人、组织领导者等，然后计算被访者拥有多少种类型（Brown & Ferris，2007；L. Wang & E. Graddy，2008）。赵延东在测量西部城乡居民微观层次的社会资本时，考虑到西部调查中有少量的少数民族受访者，因此采用“重要节日交往网络”代替春节拜年网。在测量节日网络中嵌入的资源时，列出 22 种职业类型，编制职业声望量表，为每种职业赋予一定的分数，对职业资源分数与职业个数做一个因子分析，并将因子转化为一个 1—100 的分值作为网络资源的指标（赵延东，罗家德，2005a）。边燕杰以春节拜年网为事件依托，从拜年网的网络规模、网顶、网差和网络构成这四个角度测量中国居民的社会资本，研究发现不是专门探讨社会网络和社会资本问题的，可以从简测量社会资本，比较有效且可信的指标是网络差异——与社会资本总量指标有近乎同等的解释力，即询问被调查者的人际关系来自多少个职业（调查中列举了 20 种职业类型），其中回答类别可以是开放的，可以采取本研究所用的职业类别，让被调查者选择（边燕杰，2004）。因此本研究基于拜年网，调查被访者联系的朋友中所从事的职业类型，通过计算职业类别的数量来测量网络的多样性程度。

在分析社会关系网络的作用时，普特南将其分为非正式网络和正式网络。非正式网络主要是指在家人、朋友和其他人之间的交流互动。这些类型的交流互动促进一种美德的生成——互惠和关心他人的意识，同时这也增加了人们参与慈善事业的可能性（Martin，1994）。正式网络是指人们因为相信组织的使命或者其他原因而参与正式的组织，会员组织可以使个体参与到各种各样的捐赠活动中（Radley & Kennedy，1995）。通过组织参与，个人建立一种联系的感觉。这种作为自己组织的一员与另一个团体联系的感觉是帮助他人的主要决定因素；因为个人信仰和社会关系的结合会将他人的需要纳入自己的职权范围内（Schervish & J. J. Havens，1997）。Brown，E. 和 J. M. Ferris、Lili Wang、Elizabeth Graddy 在测量非正式网络规模时，询问了被访者过去一年中发生下列事件次数的 5 个问题：①与其他人打牌或者下棋；②拜访亲戚；③在家里招待朋友；④与朋友在公共场合见面；⑤下班后与同事社交活动。将每题的回答标准化，然后其均值便是非正式网络的测量指标。在测量正式网络规模时，列举了 18 种社团的类型：运动、宗教、老战友、老年人、慈善、工会、政治、艺术、兴趣、医疗、网络等，通过询问被访者在过去一年中是否参与过这些社团，得出参与不同社团的总和便是正式网络的测量指标（Brown & Ferris，2007；L. Wang & E. Graddy，2008）。Amornrat & Rose Anne Devlin 通过询问被访者：和父母在一起的频次、看望家人或一起运动的频次、和朋友在一起的频次；针对不同的回答赋予分值：每周一次以上 3 分、一周一次 2 分、一年一次 1 分、没有过 0 分；然后加总这些问题的得分，此分值便是非正式网络测量指标。其正式网络的测量指标为：询问被访者是否参与 5 种正式组织：政治、文化、运动、公民慈善和其他，然后计算其参与社团的数目（Apinunmahakul & Devlin，2008）。边燕杰、赵延东在测量居民微观层次的社会网络规模时，利用春节拜年网为事件依托，询问在春节前后，被访者一共联系了多少人（包括亲属、朋友、相识的人数）。胡荣和胡康（2008）在《城市居民社会资本构成的差异》一文中通过调查城乡居民平时进行亲密交往的人中，亲戚、邻居、同事、同学、老乡、朋友各有多少人来测量居民社交网络的规模。另外，使用一个李克特量表测量城乡居民社团参与状况。其测量居民社团参与情况指标为：同乡会活动、校友会活动、同学聚会，单位组织的集体活动、社区居委会召开的会议和寺庙或教会的活动。针对以上 5 个问题，对其答案进行赋值，分别为："从没有参加"为 0 分；"很少"为 1 分；"较少"为 2 分；"一般"为 3 分；"比较经常"为 4 分；"很经常"为 5 分。然后进行因子分析，抽取两个因子"团体活动参与因子""宗教及社区团体参与因子"（胡荣，胡康，2008）。因此，综合国内外的相关研究，本研究非正式网络规模测量指标为利用春节拜年网为事件依托，询问"受访者在春节期间用短信、电话或其他方式联系的人数”。列举7种组织或社团类型：①中国共产党或共产主义青年团；②各民主党派；③宗教团体；④协会、学会、社团或俱乐部；⑤社区文娱团体；⑥邻里互助组织；⑦志愿公益组织活动。然后通过询问受访者是否为上述正式组织的成员来测量城市居民的正式网络规模。

2. 基于信任的社会资本测量

慈善捐赠与信任是高度相关的，研究表明，个人对机构和他人的信任水平对个人志愿服务行为和捐赠额度有重要的影响。Eleanor Brown 和 James M. Ferris 通过使用 SCCBS（the Social Capital Community Benchmark Survey）调查数据来探究信任资本（指标为个人对他人和机构的信任）对个人慈善捐赠的影响。Bekkers 在研究中发现，总体的社会信任程度会增加人们对慈善事业的捐款额度（Bekkers，2003）。在已被很多学者使用的 SCCBS 的调查中，哈佛团队在其对调查结果分析的基础上，所提取的社会信任和互惠规范指标为：选举政治（所选当地官员的信任）、种族之间的信任（不同种族背景的人们）、社会信任（对邻居朋友或其他人的信任）。Brown，E. 和 J. M. Ferris（2007）、Lili Wang、Elizabeth Graddy（2008）在测量社会信任资本时所使用指标为对邻居、工作伙伴、同事、销售商、警察、员工的信任度和是否社会上大多数人都可信；对受访者的回答标准化，并计算其均值（Brown & Ferris，2007；L. Wang & E. Graddy，2008）。赵延东在对西部城乡居民进行社会信任测量时，所使用的指标为受访者对10种不同类型社会成员的信任度，分别是：家人、周围的人、市场上的商人、外地人、村领导或所在城市领导、政府、警察、医生、国内媒体上的新闻、法官或法院；因子分析得到“制度性信任因子”“陌生人信任因子”“熟人信任因子”三个因子，并将这些因子得分转化为1—100的分数（赵延东，2006）。胡荣和胡康（2008）在《城乡居民社会资本构成》一文中列举了13种不同类型的社会成员：单位同事、单位领导、邻居、一般朋友、亲密朋友、家庭成员、直系亲属、其他亲属、社会上大多数人、销售商、生产商、网友、一般熟人；询问受访者对这13种类型成员的信任度，然后进行因子分析，抽取“亲属密友信任因子”“一般熟人朋友信任因子”“弱关系人群信任因子”“领导同事信任因子”4个因子（胡荣，胡康，2008）。综上所述，国内学者在测量城乡居民社会信任状况时所抽取的信任维度主要为以下几种：制度性信任因子（领导、政府、警察、医生、新闻、法官等）、弱关系人群信任因子（外地人、商人、生产商、销售商、网友、一般朋友、社会上大多数人、邻居等）、熟人信任因子（家庭成员、亲密朋友、亲属等）；国外学者主要从被访者对邻居、工作伙伴、同事、销售商、警察、员工、社会上大多数人的信任度出发来测量社会信任资本。因此，综合国内外相关研究，考量本章主要是探讨城市居民的整体信任水平与其慈善捐款行为的研究，而不是分析不同信任因子之间的差异。此外考虑到变量的测量和统计分析，本书从上述3种信任因子出发，选择在测量社会信任量表中比较常见的9个条目，即询问受访者对以下9种组织或人群的信任度：地方政府、警察、医生、网友、微博、朋友、同事、邻居、亲人。

四、研究假设

从社会资本理论出发分析慈善捐款行为是一个新的研究范式和解释框架，是一项有意义的研究。目前国外相关研究表明：个体的社会资本存量与其捐款行为之间存在着显著的强相关，即个体社会资本存量越高，捐赠水平越高；且不同的社会资本类型对个体的捐赠行为会产生不同的影响。因此本章通过回顾社会资本相关理论和实证研究，确定中国城市居民社会资本的测量指标：基于社会网络的社会资本（非正式网络、正式网络和“跨越型”网络）和基于信任的社会资本（居民社会信任水平），并在此基础上探讨中国城市居民不同社会资本类型与其慈善捐款额度之间的关系。据此本研究提出以下研究假设：

假设1：城市居民的非正式网络规模与其慈善捐款额度存在正相关，即非正式网络规模越大，其慈善捐款额度越高。

假设2：城市居民的正式参与网络数量与其慈善捐款额度存在正相关，即正式参与社团的数量越多，其慈善捐款的额度也越高。

假设3：城市居民的“跨越型”网络与其慈善捐款额度存在正相关，即“跨越型”网络的异质性程度越大，则其慈善捐款额度越高。

假设4：城市居民的社会信任水平与其慈善捐款额度存在正相关，即城市居民的社会信任水平越高，则其慈善捐款的额度也越高。

第二节 研究设计与数据分析

一、数据来源及样本特征描述

本研究所用数据是由北京师范大学社会发展与公共政策学院（以下简称社发院）于2013年8月至12月在中国27个城市、108个社区进行的中国城市居民公益行为调查的数据。样本抽样的方法是多阶段分层随机抽样：第一阶段是城市的抽取，综合考虑区域分布、人口规模和经济发展水平这三个因素，在全国共抽取了27个城市。第二阶段是社区的抽取，按照老旧社区、商品房社区、单位大院和保障房社区这四种类型在每个城市分别抽取4个，样本中共有108个社区。第三阶段是居民的抽取，每个社区需抽取50位居民，即每个城市的样本规模为200，因此确定该社区住户抽样框（门牌号码登记表），按照等距随机抽样的方法抽取住户。数据搜集方法为各地调查员经过培训后，入户面访被访者。社发院相关研究生负责各地问卷的质量审核。数据包括个人基本信息、家庭收入支出、公益意愿和行为、社会网络、社会信任度、被访者健康等信息。本次调查得到的有效样本包含5289户家庭13165人，被访者共5289人。样本具体情况如表3－1所示：

表3－1 受访者基本特征（$N=5289$）

变量名称	变量类别	频数	比例（%）	变量名称	变量类别	频数	比例（%）
性别	女	2689	51.08	户籍类型	本市非农业	4674	88.64
	男	2575	48.92		外地非农业	192	3.64
年龄组	20世纪90年代	164	3.15		本市农业	195	3.70
	20世纪80年代	697	13.38		外地农业	212	4.02
	20世纪70年代	1351	25.94	婚姻状况	已婚	4231	80.26
	20世纪60年代	1310	25.15		离婚	276	5.24
	20世纪50年代	920	17.67		丧偶	339	6.42
	1949年以前	766	14.71		未婚或其他	426	8.08

续表

变量名称	变量类别	频数	比例（%）	变量名称	变量类别	频数	比例（%）
教育程度	小学及以下	432	8. 24	中共党员	是	1234	23. 48
	初中	1365	26. 03		否	4022	76. 52
	高中/职高/技校/中专	1756	33. 49	工作状况	工作	2528	48. 24
	大专	1026	19. 57		不工作	2072	39. 54
	本科及以上	664	12. 67		灵活就业	640	12. 21
宗教信仰	有	396	7. 52				
	无	4870	92. 48				

二、变量及测量

本研究的因变量为城市居民的捐款额度，问卷问题为“过去一年，您一共捐款多少钱”；自变量为社会网络资本、社会信任水平；控制变量包括年龄、性别、婚姻状况、教育程度、宗教信仰、户口、政治面貌、工作状况、家庭经济状况、是否参加志愿服务、生活幸福感、健康状况。这些变量在以往的经济学、心理学、社会学相关国内外研究方面，已经被证明与个体的慈善捐款行为具有显著相关关系。下面介绍各个变量的具体测量指标：

1. 社会信任水平

社会信任。询问受访者对这 9 种组织或人群（地方政府、警察、医生、网友、微博、朋友、同事、邻居、亲人）的信任程度（完全信任、比较信任、不信任也不怀疑、不可信、完全不信），针对受访者每个问题的答案进行赋值，分别为：“完全不信”为 0 分；“不可信”为 1 分；“不信任也不怀疑”为 2 分；“比较信任”3 分；“完全信任”为 4 分。而社会信任指标便是对这 9 个问题回答的均值，取值范围为 0—4 分。

2. 社会网络资本

桥（bridging）社会网络。通过询问被访者“去年春节前后，您联系的人中所从事的职业有哪些”，其中列出的职业类型有 24 种：产业工人、大学老师、护士、餐饮娱乐业服务员、无业人员、法律工作者、司机、政府官员、中小学老师、医生、厨师或炊事员、营销人员、科学家和研究人员、民警、行政办事人员、个体户、企事业单位负责人、私营企业主、农业工人、党群组织负责人、家政人员、农民、工程技术人员和其他；计算每位被访者联系人中不同职业类别数量来测量网络异质性程度，则得分的范围为0—24分。

非正式网络。询问“受访者在春节期间用短信、电话或其他方式联系的人数”；问卷中将联系人数的规模分为10档，即“10人及以下”“11—20人”“21—30人”“31—40人”“41—50人”“51—60人”“61—70人”“71—80人”“81—90人”“91人及以上”，这是定序变量，总分范围为1—10分，每个分值代表的是不同人数规模。

正式网络。列举7种组织或社团类型：(1) 中国共产党或共产主义青年团；(2) 各民主党派；(3) 宗教团体；(4) 协会、学会、社团或俱乐部；(5) 社区文娱团体；(6) 邻里互助组织；(7) 志愿公益组织活动。然后通过询问受访者“您是否是上述正式组织的成员”，1“是”、0“否”，被访者参与不同组织类型的数量便是正式参与网络的测量指标，得分范围为0—7分。

3. 控制变量

幸福感。针对“您生活的幸福吗”这一问题，被访者的选择为“很幸福”“比较幸福”“一般”“不幸福”“非常不幸福”；将此变量分为三个等级，“比较幸福”和“很幸福”归为“幸福”，“不幸福”和“非常不幸福”归为“不幸福”，以不幸福作为参照组，则将幸福、一般这两个维度代入模型中。

是否参加志愿服务。为0—1型变量。

宗教信仰。这个变量测量受访者是否有宗教信仰（没有宗教信仰、佛教、基督教、伊斯兰教、道教、其他），将“佛教、基督教、伊斯兰教、道教或其他宗教”的样本编码为1，“没有宗教信仰”编码为0，属于0—1型变量。

教育程度。询问被访者“目前的最高学历”，将“本科或以上的学历”编码为1，“本科以下”的编码为0，属于0—1型变量。

家庭经济状况。本研究中采用自评家庭经济状况、人均可支配收入两个变量来衡量，询问被访者“鉴于您现在的需要和经济负担，您觉得您的家庭属于以下哪种情况”，并将此变量分为三个维度：很富有、比较舒适归为“经济状况好”，困难、很困难归为“经济状况差”，维持生活归为“经济状况一般”；以“经济状况差”作为参照组，将“经济状况好”“经济状况一般”这两个维度代入模型中。

健康变量。本研究中采用自评健康状况来衡量这一变量，询问被访者“总体来讲，您的健康状况是”，并将此变量分为三个维度：即非常好、很好、好归为“身体状况较好”，其余为“一般”或“较差”；以“较差”作为参照组，“身体状况较好”“一般”这两个维度代入模型中。

人口学特征变量。(1) 政治面貌：为0—1型变量，“中共党员”编码为1，“不是中共党员”编码为0；(2) 户口：包括本市非农业、外地非农业、本市农业、外地农业；其中将外地农业作为参照组；(3) 性别：虚拟变量，男性为1，女性为0；(4) 年龄：连续变量；(5) 婚姻状况：包括已婚、离婚、丧偶和未婚或其他四个类别，则未婚或其他作为参照组；(6) 工作状况：以灵活就业为参照组，工作和不工作代入模型。

表3-2　变量测量指标汇总表

变量名称	类型	测量指标
慈善捐赠额度	连续变量	过去一年，您一共捐款多少钱
社会信任	连续变量	询问受访者对地方政府、警察、医生、网友、微博、朋友、同事、邻居及亲人的信任程度，分值是0—4，信任指标是取均值
桥社会网络	连续变量	列出的职业类型有24种：产业工人、大学老师、护士、餐饮娱乐业服务员、无业人员、法律工作者、司机、政府官员等，分值是0—24
非正式网络	连续变量	受访者在春节期间用短信、电话或其他方式联系的人数
正式网络	连续变量	7种组织或社团类型：(1) 中国共产党或共产主义青年团；(2) 各民主党派；(3) 宗教团体；(4) 协会、学会、社团或俱乐部；(5) 社区文娱团体；(6) 邻里互助组织；(7) 志愿公益组织活动。然后询问受访者“您是否是上述正式组织的成员”，分值为0—7
年龄	连续变量	被访者的年龄
人均可支配收入（万元）	连续变量	去年家庭的可支配收入/家庭规模
性别	分类变量	1男；0女
文化程度	分类变量	0本科以下；1本科或以上
政治面貌	分类变量	1中共党员；0不是中共党员
宗教信仰	分类变量	0无宗教信仰；1有宗教信仰

续表

变量名称	类型	测量指标
参与志愿服务	分类变量	1 参与志愿服务；0 不参与志愿服务
婚姻状况	4 个 0—1 型虚拟变量	已婚；离婚；丧偶；未婚或其他。将未婚或其他作为参照组
工作状况	3 个 0—1 型虚拟变量	1 工作；2 不工作；3 灵活就业。将灵活就业作为参照组
家庭经济状况	3 个虚拟变量	经济状况好；一般；状况差。将经济状况差作为参照组
幸福感	3 个虚拟变量	生活幸福；一般；不幸福。将不幸福作为参照组
健康状况	3 个虚拟变量	健康状况好；一般；差。将身体健康状况差作为参照组
户口	4 个虚拟变量	本市非农；外地非农；本市农业；外地农业。将外地农业作为参照组

三、数据分析

本书使用 Stata10.0 软件对数据进行描述、方差统计分析、相关分析以及 Tobit 回归模型验证分析。由于被访者并不是在去年内都进行了捐款，而且尽管被访者的捐款额度在合理范围内可以取任意正值，但有很大一部分受访者去年的慈善捐赠额度为 0；因此，如果利用普通最小二乘回归模型测量的话则会产生参数估计值偏差，而 Tobit 模型是受限因变量模型中常用的一种，适合处理因变量有大量删失值的数据（Tobin，1958a）。Tobit 模型可以用如下关系表示：

$$y_t = \begin{cases} x_t\beta + e_t & if\ x_t\beta + e_t > 0 \\ 0 & if\ x_t\beta + e_t \leqslant 0 \end{cases}$$

$t=1$，$2\cdots N$，其中 N 为样本量；y_t是因变量；x_t为解释变量；β 为待估计参数，e_t为误差项。与 Logistic 模型相比，Tobit 模型充分有效地利用了“受访者是否参与慈善捐赠”及“不同捐赠人所捐赠额度的差异”这两方面的信息。对于本研究而言，因变量y_t为去年慈善捐赠的额度，取值是非负的，x_t代表可能影响城市居民慈善捐赠额度的一组变量，期望值 E（$y \mid x$，$y>0$）是对于给定的 x 值、y 值大于 0 的子总体中的期望值，协变量求导后便是在慈善捐赠额度为正值的样本中对城市居民慈善捐赠额度有影响的变量的边际效应。

第三节　数据分析结果

一、中国城市居民慈善捐款行为的基本情况

我国城市居民参与慈善捐款行为的具体情况如表 3 - 3 所示：在全部样本中，有 48.72% 的被访者过去一年捐过钱。参与慈善捐赠次数为 1—2 次的占去年参与慈善捐赠行为人次的 79.16%；3—5 次的占去年参与慈善捐赠行为人次的 18.60%；6 次及以上的仅占去年有过捐款行为人次的 2.24%。捐赠数额在 100 元以下的占去年捐款人次的 51.17%；101—300 元的占 29.53%；301—1000 元的占 16.75%；1001 元及以上的为 2.55%。则去年 48.72% 的被访者参与过慈善捐款的平均捐款额度为 281.03 元。

表 3 - 3　城市居民去年慈善捐款行为分布

变量名称	变量类别	频数	比例（%）	变量名称	变量类别	频数	比例（%）
参加捐款	是	2556	48.72	捐款额度	100 元及以下	1286	51.17
	否	2690	51.28		101—300 元	742	29.53
捐款次数	1—2 次	1911	79.16		301—1000 元	421	16.75
	3—5 次	449	18.60		1001 元以上	64	2.55
	6 次及以上	54	2.24	变量名称	样本量	均值	标准差
				捐款额度	2513	281.03	679.83

二、城市居民的社会信任水平、社会网络资本存量的分布情况

1. 城市居民的社会信任水平

社会信任程度分类及其分值分布："0" 表示完全不信、"1" 表示不太信任、"2" 表示不信任也不怀疑、"3" 表示比较信任、"4" 表示完全信任。调查发现，城市居民对 9 种不同组织或人群的信任程度的平均得分为 2.66 分，分值在 2.001—3.000 之间，表明所调查的城市居民的信任程度较高。城市居民不同信任水平分布情况如表 3 - 4 所示：10.33% 的居民是 "不信任也不怀

疑”；70.88%的居民是“比较信任”；18.49%的居民是“完全信任”；仅有0.02%和0.28%的居民认为“完全不信”和“不太信任”。对于城市居民来说，信任程度较高的四类组织或人群是：亲人（3.54）、地方政府（3.21）、警察（2.97）和朋友（2.95）；信任程度均在比较信任和完全信任之间。

表 3－4 城市居民社会信任水平分布（N=5267）

社会信任维度得分	信任程度分类	人数（N）	百分比（%）
0	完全不信	1	0.02
0.001—1.000	不太信任	15	0.28
1.001—2.000	不信任也不怀疑	544	10.33
2.001—3.000	比较信任	3733	70.88
3.001—4.000	完全信任	974	18.49

表 3－5 城市居民对不同组织或人群信任水平分布

组织或人群	均值	完全不信	不太信任	不信任也不怀疑	比较信任	完全信任
地方政府	3.21	33 (0.63%)	158 (3.01%)	779 (14.83%)	1997 (38.02%)	2285 (43.51%)
警察	2.97	63 (1.21%)	240 (4.60%)	1065 (20.43%)	2265 (43.44%)	1581 (30.32%)
医生	2.76	40 (0.77%)	438 (8.43%)	1199 (23.08%)	2583 (49.73%)	934 (17.98)
网友	1.27	1183 (22.97%)	1984 (38.52%)	1520 (29.51%)	356 (6.91%)	107 (2.08)
微博	1.40	918 (17.84%)	1852 (35.99%)	1855 (36.05%)	417 (8.10%)	104 (2.02%)
朋友	2.95	32 (0.62%)	155 (2.98%)	731 (14.06%)	3403 (65.44%)	879 (16.90%)
同事	2.89	24 (0.46%)	133 (2.56%)	911 (17.51%)	3463 (66.57%)	671 (12.90%)
邻居	2.85	18 (0.35%)	111 (2.14%)	1174 (22.65%)	3215 (62.03%)	665 (12.83%)
亲人	3.54	20 (0.38%)	34 (0.65%)	259 (4.97%)	1723 (33.06%)	3175 (60.93%)

2. 城市居民的社会网络资本

桥社会网络

本研究通过计算春节前后，被访者所联系（电话、短信等方式）的亲戚及朋友所从事的职业种类来测量被访者网络的异质性程度，指标分值范围为0—24分。经分析发现，城市居民桥社会网络的平均得分为9.78分，即平均的职业数量为9.78个。联系的不同职业数量分布情况如表3－6所示：21.38%的被访者联系人中所从事的职业数量为0—5个；37.44%的被访者联系人中所从事的职业数量为6—10个；26.45%的被访者联系人中所从事的职业数量为11—15个；11.57%的被访者联系人中所从事的职业数量为16—20个；仅有3.16%的被访者联系人中所从事的职业数量为21—24个。对于被访者春节联系的人中所从事的职业类型来说，较多的六种职业类型是：科学家和研究人员（90.64%）、大学老师（72.89%）、法律工作者（72.67%）、党群组织负责人（71.53%）、家政人员（69.32%）、工程技术人员（67.47%）。具体分布情况见表3－7。

表3－6　联系的人中所从事职业类型的数量分布（N=5289）

职业类型的数量（个）	人数（N）	百分比（%）
0—5	1131	21.38
6—10	1980	37.44
11—15	1399	26.45
16—20	612	11.57
21—24	167	3.16

表3－7　联系的人中所从事的职业类型分布情况

职业类型	人数（N）	百分比（%）	职业类型	人数（N）	百分比（%）	职业类型	人数（N）	百分比（%）
产业工人	1658	33.36	中小学老师	2016	41.32	企事业单位负责人	2987	60.65
大学老师	3554	72.89	医生	2269	46.66	私营企业主	2605	52.88
护士	2567	52.55	厨师、炊事员	3020	63.14	农业工人	3618	65.29
餐饮娱乐业服务员	2422	49.37	营销人员	2423	50.21	党群组织负责人	3480	71.53
无业人员	1919	38.71	科学家和研究人员	4279	90.64	家政人员	3353	69.32
法律工作者	3541	72.67	民警	2854	59.25	农民	2778	56.88
司机	1731	34.72	行政办事人员	2383	49.02	工程技术人员	3262	67.47
政府官员	3021	61.23	个体户	1411	28.84	其他	2432	51.51

非正式网络

春节期间联系的人数分为10档，取值范围为1—10分。调查发现：非正式网络规模平均得分为3.49分，即春节期间联系的人数平均为30人左右；则非正式网络规模分布情况为："11—20人"（22.63%）、"21—30人"（21.86%）所占比例较大，其次为"10人及以下"（16.05%）、"31—40人"（13.89%）。详情见表3－8。

表3－8　城市居民非正式联系网络规模分布情况（N＝5041）

网络规模	人数（N）	百分比（%）	网络规模	人数（N）	百分比（%）
10人及以下	809	16.05	51—60人	313	6.21
11—20人	1141	22.63	61—70人	194	3.85
21—30人	1102	21.86	71—80人	122	2.42
31—40人	700	13.89	81—90人	71	1.41
41—50人	462	9.16	91人及以上	127	2.52

正式网络

城市居民参与的正式组织、社团或协会有7种，正式网络指标为城市居民参与的不同类型社团的数目，即指标分值范围为0—7分。经调查发现，城市居民参与的社团种类数量平均为0.94个。城市居民参与的不同社团数量分布情况如表3－9所示：48.44%的被访者参与的社团数量为0个，26.21%的被访者参与的社团数量为1个，14.10%的被访者参与的社团数量为2个，7.17%的被访者参与的社团数量为3个，仅有4.09%的被访者参与的社团数量为4个及以上，表明了被访者所参与的社团数量较少。对于被访者参与的社团类型来说，主要是：志愿公益组织（33.32%）、中国共产党或共青团（26.46%）、邻里互助组织（16.14%）。具体分布情况见表3－10。

表3－9　城市居民参与不同社团数量分布（N＝5289）

参与社团数量	人数（N）	百分比（%）	参与社团数量	人数（N）	百分比（%）
0	2562	48.44	4	153	2.89
1	1386	26.21	5	56	1.06
2	746	14.10	6	3	0.06
3	379	7.17	7	4	0.08

表3－10　城市居民参与的不同社团类型的分布情况

社团类型	人数（N）	百分比（%）	社团类型	人数（N）	百分比（%）
中国共产党或共青团	1378	26.46	社区文娱团体	501	9.74
各民主党派	22	0.43	邻里互助组织	830	16.14
宗教团体	199	3.87	志愿公益组织	1721	33.32
协会、学会或俱乐部	302	5.88			

三、社会资本各个测量维度之间的相关性分析

由于社会资本是一个复杂且具有争议性的概念，因此，本研究通过分析社会资本不同测量维度之间的相关性来考察此变量。如表3－11所示，正式网络与社会信任资本（0.1222）、桥（bridging）社会网络（0.1872）、非正式网络（0.0722），非正式网络与桥（bridging）社会网络（0.3543）均在0.01水平下，存在显著的相关，但是相关程度比较微弱。同时由文献综述我们可得知这一结果也在合理的范围之内，因此本研究可以在数据中实证区分社会资本的不同测量指标及其与慈善捐款行为的关系。

表3－11　社会资本各个测量指标之间的相关性分析

变量	社会信任	桥社会网络	非正式网络	正式网络
社会信任	1.0000			
桥社会网络	0.0146	1.0000		
	0.8727			
非正式网络	0.0062	0.3543**	1.0000	
	0.9985	0.0000		
正式网络	0.1222**	0.1872**	0.0722**	1.0000
	0.0000	0.0000	0.0000	

注：** 在0.01水平上达到显著性相关（双侧）。

四、城市居民慈善捐款行为的相关影响因素分析

1. 人口学变量和社会经济特征变量等与慈善捐款额度的方差分析

如表3－12所示，婚姻、政治面貌、教育程度、宗教信仰、是否参与志愿服务、工作、幸福感、家庭经济状况与慈善捐款额度存在显著的差异：已婚被

访者的捐赠额度均值 > 离婚、未婚或其他的被访者捐赠均值（$P<0.05$），中共党员的捐赠额度均值 > 非党员（$P<0.01$），本科或以上的被访者捐赠额度均值 > 本科以下（$P<0.01$），有工作/生活幸福/身体健康的被访者捐赠额度均值均 > 无工作/幸福感较低/身体状况较差的被访者的平均捐赠额度（$P<0.01$）；而性别、年龄及户口所在地与慈善捐款额度之间的差异均不太显著（$P>0.1$）。

表 3 – 12　人口学变量及其他控制变量与慈善捐款额度的方差分析

变量	分类	频数（N）	均值	F	P
性别	男	2553	148.03	1.07	0.3008
	女	2640	132.81		
年龄	20 世纪 90 年代	117	66.75	1.59	0.1598
	20 世纪 80 年代	645	139.11		
	20 世纪 70 年代	1316	164.39		
	20 世纪 60 年代	1339	133.82		
	20 世纪 50 年代	905	123.02		
	1949 年以前	816	118.14		
婚姻	已婚	4179	151.94	3.49	0.0150
	离婚	273	106.49		
	丧偶	332	85.09		
	未婚或其他	418	90.40		
中共党员	是	1224	225.29	47.01	0.0000
	否	3962	111.10		
志愿服务	是	2029	261.33	180.32	0.0000
	否	3170	62.56		
教育程度	本科以下	4517	114.57	86.89	0.0000
	本科或以上	657	319.46		
宗教信仰	有	382	187.70	3.86	0.0496
	无	4815	134.30		
户口	本市非农	4608	144.54	2.01	0.1098
	外地非农	192	91.80		
	本市农业	192	94.01		
	外地农业	209	84.31		

续表

变量	分类	频数（N）	均值	F	P
工作	工作	2510	183.46	18.30	0.0000
	不工作	2031	108.82		
	灵活就业	630	65.57		
幸福感	幸福	3296	181.24	27.48	0.0000
	一般	1753	73.03		
	不幸福	140	26.28		
健康	身体状况好	3462	155.98	6.85	0.0011
	身体状况一般	1472	116.04		
	身体状况差	247	48.77		
经济状况	经济状况好	1825	222.62	36.87	0.0000
	经济状况一般	2799	103.96		
	经济状况差	534	49.37		

2. 社会信任水平、社会网络资本与慈善捐款行为的相关分析

表3-13描述了社会信任资本、社会网络资本（桥社会网络、非正式网络、正式网络）与居民慈善捐款额度之间的相关情况。可以看出，社会信任资本（0.0540）、桥社会网络（0.0787）、非正式网络（0.0996）、正式网络（0.1253）与慈善捐款额度彼此均存在极显著的相关，其中社会资本各维度与捐款额度相关性强弱方面，正式网络>非正式网络>桥社会网络>社会信任资本，表明了不同社会资本类型与慈善捐赠的关系具有不同的程度，因此测量社会资本与个体慈善行为的关系，应真正测量不同社会资本类型与其之间的关联（A. C. Brooks，2005）。

表3-13　社会资本与慈善捐款额度的pearson相关分析

变量	捐款额度	社会信任	桥社会网络	非正式网络	正式网络
捐款额度	1.0000				
社会信任	0.0540**	1.0000			
	0.0010				
桥社会网络	0.0787**	0.0146	1.0000		
	0.0000	0.9678			

续表

变量	捐款额度	社会信任	桥社会网络	非正式网络	正式网络
非正式联系网络	0.0996**	0.0062	0.3543**	1.0000	
	0.0000	1.0000	0.0000		
正式网络	0.1253**	0.1222**	0.1872**	0.0722**	1.0000
	0.0000	0.0000	0.0000	0.0000	

注：** 在0.01水平上达到显著性相关（双侧）。

3. 社会网络资本、社会信任水平不同分布情况下慈善捐款额度的差异

表3-14表示社会信任、正式网络、非正式网络、桥社会网络与被访者慈善捐款额度均具有显著的差异（$P<0.01$），表明：不同信任水平下所捐赠额度的均值是不一样的，完全信任水平下慈善捐赠额度的均值远大于其他信任水平；参与社团数量的多少、非正式联系网络规模的大小、桥社会网络异质性程度（联系的人中所从事职业类型）的大小与被访者慈善捐赠额度的均值是不一样的。

表3-14　社会资本不同分布情况下慈善捐款额度的差异

变量	分类	频数（N）	均值	F	P
社会信任	完全不信	1	0	3.61	0.0060
	不可信	15	280		
	不信任也不怀疑	537	101.51		
	比较信任	3710	130.18		
	完全信任	947	189.42		
正式网络	0个	2522	65.95	18.04	0.0000
	1个	1374	197.07		
	2个	736	214.61		
	3个	376	190.21		
	4个	151	313.20		
	5个	51	189.41		
	6个	3	1300		
	7个	4	925		

续表

变量	分类	频数（N）	均值	F	P
非正式网络	1—2（20 人及以下）	1937	102.54	13.29	0.0000
	3—4（21—40 人）	1793	116.35		
	5—6（41—60 人）	774	196.10		
	7—8（61—80 人）	315	202.82		
	9—10（81 及以上）	194	321.12		
桥社会网络	0—5 个	1083	117.11	11.80	0.0000
	6—10 个	1974	98.97		
	11—15 个	1385	159.00		
	16—20 个	610	255.19		
	21—24 个	165	200.24		

4. 中国城市居民慈善捐款行为及相关因素的 Tobit 回归分析

本研究选用的是受限因变量模型中常用的 Tobit 回归分析，构建两个模型。模型 1 将居民慈善捐款额度作为因变量，将人口学变量及其他控制变量代入 Tobit 模型；模型 2 在自变量中增加社会信任、桥社会网络、非正式网络和正式网络变量，具体操作变量描述详见表 3－15。

表 3－15　Tobit 回归模型选用变量统计描述表（N＝5289）

变量名称	类型	Mean（s. d.）/频数（比例）	最小值	最大值
自变量				
社会资本				
社会信任	2.66（0.49）	0	4	
桥社会网络	9.78（5.13）	0	24	
非正式网络	3.50（2.15）	1	10	
正式网络	0.94（1.17）	0	7	
控制变量				
年龄		48.48（14.47）	12	93
人均可支配收入（万元）		2.43（2.34）	0.13	74
性别		男 2575 人（48.92%）；女 2689 人（51.08%）		
文化程度		本科以下 4579 人（87.34%）；本科或以上 664 人（12.66%）		

续表

变量名称	类型	Mean（s. d.）/频数（比例）	最小值	最大值
政治面貌		中共党员 1234 人（23.48%）；不是中共党员 4022 人（76.52%）		
宗教信仰		无宗教信仰 4870 人（92.48%）；有宗教信仰 396 人（7.52%）		
参与志愿服务		参与志愿服务 2068 人（39.33%）；不参与志愿服务 3190 人（60.67%）		
婚姻状况		已婚 4231 人（80.25%）；离婚 276 人（5.24%）；丧偶 339 人（6.43%）；未婚或其他 426 人（8.08%）		
工作状况		工作 2528 人（48.24%）；不工作 2072 人（39.54%）；灵活就业 640 人（12.21%）		
家庭经济状况		好 1841 人（35.26%）；一般 2839 人（54.38%）；差 541 人（10.36%）		
幸福感		幸福 3324 人（63.33%）；一般 1785 人（34.01%）；不幸福 140 人（2.67%）		
健康状况		好 3492 人（66.77%）；一般 1490 人（28.49%）；差 248 人（4.74%）		
户口		本市非农业 4674 人（88.64%）；外地非农业 192 人（3.64%）；本市农业 195 人（3.70%）；外地农业 212 人（4.02%）		

表 3-16　社会资本与慈善捐赠额度的 Tobit 回归结果

自变量	模型 1			模型 2		
	系数	标准误差	边际效应	系数	标准误差	边际效应
社会资本						
社会信任				0.844***	0.285	0.291
桥社会网络				0.045	0.028	0.016
非正式网络				0.223***	0.065	0.077
正式网络				0.394***	0.133	0.136
控制变量						
性别（以女性为参照类别）	-0.382	0.271	-0.133	-0.400	0.279	-0.138
年龄	-0.008	0.014	-0.003	-0.002	0.014	-0.001
政治面貌（以“不是中共党员”为参照类别）	0.895***	0.311	0.321	0.372	0.339	0.130
宗教信仰（以“无宗教信仰”为参照类别）	1.153**	0.474	0.428	0.987**	0.493	0.361

续表

自变量	模型 1			模型 2		
	系数	标准误差	边际效应	系数	标准误差	边际效应
户口（以“外地农业”为参照类别）						
本市非农业	1.798**	0.756	0.564	2.096***	0.780	0.642
外地非农业	1.012	1.012	0.375	1.083	1.041	0.400
本市农业	-0.091	1.049	-0.031	-0.265	1.086	-0.090
婚姻（以“未婚或其他”为参照类别）						
已婚	1.463***	0.528	0.476	1.224**	0.538	0.400
离婚	2.225***	0.755	0.883	1.963**	0.773	0.763
丧偶	0.740	0.830	0.268	0.599	0.848	0.214
教育程度（以“本科以下”为参照类别）						
本科或以上	1.899***	0.395	0.726	1.760***	0.404	0.664
工作状况（以“灵活就业”为参照类别）						
工作	1.651***	0.446	0.575	1.623***	0.457	0.561
不工作	0.207	0.509	0.072	0.122	0.524	0.042
人均可支配收入（万元）	0.365***	0.053	0.127	0.360***	0.057	0.124
家庭经济状况（以“经济差”为参照类别）						
经济状况好	1.274**	0.541	0.453	1.334**	0.557	0.472
一般	0.814*	0.493	0.281	0.822	0.507	0.282
幸福感（以“不幸福”为参照类别）						
幸福	1.806**	0.900	0.606	1.613*	0.914	0.539
一般	0.370	0.896	0.129	0.505	0.911	0.176
健康状况（以“健康差”为参照类别）						
好	-0.290	0.710	-0.101	-0.571	0.721	-0.199
一般	0.637	0.704	0.225	0.486	0.714	0.170
参与志愿服务（以“没有参加”为参照类别）	6.345***	0.271	2.446	5.787***	0.300	2.198
常数项	-12.254***	1.410		-15.785***	1.645	

续表

自变量	模型 1			模型 2		
	系数	标准误差	边际效应	系数	标准误差	边际效应
观察值数量	4871			4722		
伪 R^2	0. 0538			0. 0544		
x^2	1050. 37			1028. 15		
显著性 prob > x^2	0. 0000			0. 0000		
似然值 log likelihood	-9229. 7336			-8939. 4424		

注：(1) * $P<0.1$，** $P<0.05$，*** $P<0.01$；(2) 因变量的单位是百元。

在模型 1 中，选取了性别、年龄、婚姻、宗教信仰、政治面貌、文化程度、人均可支配收入、家庭经济状况、工作状况、户口、幸福感、身体健康状况、参与志愿服务作为自变量纳入 Tobit 回归模型中。模型 1 参与模拟的样本数量是 4871 人，删失样本数和未删失样本数分别为 2502 人和 2369 人。似然比检验的卡方值为 1050. 37，显著性 prob > x^2 = 0. 0000，说明模型整体检验显著，判定系数为 0. 0538。另外模型中大多数变量的 T 检验是显著的，因此可以使用该结果进行解释。

表 3 - 16 给出了 Tobit 模型结果。从 Tobit 模型 1 的回归结果中可以看出，与城市居民的慈善捐款额度有显著影响的变量为：政治面貌、婚姻状况（已婚、离婚）、文化程度、工作状况（工作）、人均可支配收入、参与志愿服务（$P<0.01$）和宗教信仰、户口（本市非农业）、经济状况（好、一般）、幸福感（$P<0.05$），而性别、年龄这两个变量在本样本中并不显著。经分析我们可发现：与因变量有显著影响的 10 个自变量在模型中的系数符号均为正，说明了这 10 个自变量与被访者的慈善捐款额度具有显著的正向关系；另外各变量的边际效应表示的是其条件均值，则哑变量的边际效应大小代表的是其参照组与纳入模型中相应组之间的差异。因此对模型可做如下解释（前提是在解释其中一个变量时，其他情况或变量均不变）：(1) 人口学变量情况。中共党员的平均捐赠额度比非党员的城市居民平均而言多 32. 1 元；宗教信仰的边际效应为 0. 428，表明有宗教信仰的平均捐赠额度比无宗教信仰的城市居民多 42. 8 元；与婚姻状况为未婚或其他的相比，已婚的城市居民平均捐赠额度增加 47. 6 元，离婚的城市居民平均捐赠额度增加 88. 3 元；相对于外地非农业、

本市农业和外地农业户口的居民来说，拥有本市非农业户口的居民会捐赠更多，其中户口为本市非农业的城市居民比户口为外地农业的居民去年平均多捐赠了 56.4 元。（2）从城市居民的文化程度和工作状况来看，具有本科或以上学历的城市居民的平均捐赠额度比本科以下学历的城市居民的平均捐赠额度多 72.6 元；相对于不工作和灵活就业的居民来说，拥有正式工作的居民会捐赠更多，其中有正式工作的城市居民比灵活就业的居民去年平均多捐赠了 57.5 元。（3）从家庭经济情况来看，人均可支配收入每增加 1%，平均捐赠额度会相应增加 0.127%；与经济状况较差的家庭相比，经济状况好的家庭平均捐赠额度增加 45.3 元，经济状况一般的家庭平均捐赠额度增加 28.1 元。（4）与没有参与过志愿服务的城市居民相比，参加过志愿服务的城市居民的平均捐款额度增加了 244.6 元；相对于生活幸福感一般和较差的城市居民来说，生活幸福感越高的人则会捐赠得更多，其中生活幸福的城市居民比幸福感较差的城市居民的平均捐赠额度多 60.6 元。

模型 2 是在模型 1 的基础上，将测量社会资本的有关变量即社会信任、桥社会网络、非正式网络和正式网络纳入 Tobit 回归分析中。模型 2 参与模拟的样本数量是 4722 人，删失样本数和未删失样本数分别为 2430 人和 2292 人。似然比检验的卡方值为 1028.15，该值的显著性检验值为 0.0000，说明模型整体检验显著，判定系数为 0.0544。

从 Tobit 模型 2 的回归结果中可以看出，与城市居民的慈善捐款额度有显著影响的变量为：社会信任、非正式联系网络、正式参与网络、婚姻状况（已婚、离婚）、文化程度、工作状况（工作）、人均可支配收入、参与志愿服务、宗教信仰、户口（本市非农业）、经济状况（好）和幸福感，而桥社会网络、性别、年龄、政治面貌、身体健康状况变量在本样本中不显著。从模型 2 中各变量的回归的系数及边际效应我们可得知：（1）社会资本变量。社会资本变量与城市居民的捐款额度之间有着显著的正向关系，正如我们预期的一样，社会信任水平高低、非正式网络的规模与正式参与网络的数量会增加城市居民的慈善捐款额度。模型的统计分析表明：城市居民社会信任水平分值每提高 1 分，则平均慈善捐赠额度会增加 29.1 元；非正式网络规模每增加一个档次（即 10 人左右），则平均捐赠额度会增加 7.7 元；正式参与的社团或组织数量每增加1个，平均慈善捐赠额度会提高13.6元。而桥社会网络并未发现对城市居民慈善捐赠额度有显著的影响。（2）人口学变量。宗教信仰的边际效应为0.361，表明有宗教信仰的平均捐赠额度比无宗教信仰的城市居民多42.8元；与婚姻状况为未婚或其他的相比，已婚的城市居民平均捐赠额度增加40.0元，离婚的城市居民平均捐赠额度增加76.3元；相对于外地非农业、本市农业和外地农业户口的居民来说，拥有本市非农业户口的居民会捐赠更多，其中户口为本市非农业的城市居民比户口为外地农业的居民去年平均多捐赠了64.2元。（3）从城市居民的文化程度和工作状况来看，具有本科或以上学历的城市居民的平均捐赠额度比本科以下学历的城市居民的平均捐赠额度多66.4元；相对于不工作和灵活就业的居民来说，拥有正式工作的居民会捐赠更多，其中有正式工作的城市居民比灵活就业的城市居民去年平均多捐赠了56.1元。（4）从家庭经济情况来看，人均可支配收入每增加1%，平均捐赠额度会相应增加0.124%；与家庭经济状况较差的家庭的相比，经济状况好的平均捐赠额度增加47.2元。（5）与没有参与过志愿服务的城市居民相比，参加过志愿服务的城市居民的平均捐款额度增加了219.8元；相对于生活幸福感一般和较差的城市居民来说，生活幸福感越高的人则会捐赠得更多，其中生活幸福的城市居民比幸福感较差的城市居民的平均捐赠额度多53.9元。

通过模型1与模型2的对比，我们可以发现，模型2中增加社会资本变量后，模型1中显著的变量如“政治面貌”和“家庭经济状况一般”变得不显著，而其他变量虽然依然显著，但是“宗教信仰”“婚姻状况”以及“幸福感”变量与模型1相比解释力下降了；另外两个模型的判定系数从0.0538提高到0.0544，说明引入社会资本变量后，对因变量变化的解释能力有比较明显的提升，这也说明用社会资本变量可以分析或预测城市居民的慈善捐款行为。

第四节　讨论与反思

本章基于2013年在全国27个城市所实施的关于中国城市居民公益行为的问卷调查数据，分析了城市居民的社会资本与其慈善捐款行为的关系。根据Tobit模型回归的结果，本研究有以下几点发现：一是城市居民的人口学特征变量、社会经济特征变量和社会资本变量与城市居民的慈善捐款行为具有显著的相关；二是城市人口学特征变量中，性别、年龄和身体健康状况的影响不显著；社会资本变量中桥网络不显著；三是模型2中纳入社会资本变量后，模型1中显著的变量如“政治面貌”变得不显著了，而其他变量仍然显著，但是各个变量在模型中的解释力降低了。具体的分析如下。

一、城市居民基本人口学特征变量

由表3-15我们可得知，Tobit回归模型的人口学特征变量中只有性别、年龄和身体健康状况是不显著的，而政治面貌、宗教信仰、婚姻状况、户口、幸福感、参与志愿服务行为变量均是显著的，此结果也与国内外的相关研究结论一致。而在模型2纳入社会资本变量后，模型1中显著的变量如“政治面貌”变得不显著，而其他的变量仍然显著，但是各个变量在模型中的解释力降低了。具体的原因如下：

第一，在方差分析时，性别、年龄与慈善捐款额度之间的差异均不太显著（$P>0.1$），后期的Tobit回归分析也发现性别、年龄与居民的慈善捐款额度之间不显著。胡荣在分析中国农村居民的社会资本与捐赠行为时发现：在分析个体是否参与慈善捐款时，人口学特征变量中只有年龄和宗教信仰这两个变量具有统计显著性，即年龄越大，参与慈善捐赠的可能性越小（胡荣，沈珊，2013）；而当加入社会经济特征变量之后，年龄变得不显著了。在分析人口学特征变量与居民慈善捐赠额度之间的关系时，性别、年龄、宗教信仰这三个变量不具有显著性。罗公利、边伟军在《影响山东省私人慈善捐赠因素的实证分析》一文中发现：某些分析并没有将性别这一变量纳入模型中，同时年龄与慈善捐赠额度之间存在显著的正相关关系（罗公利等，2009）；国外相关的调查报告（Council of Economic Advisors，2000；Independent Sector，1995）研究发现：女性比男性更加具有同情心、单身的女性比单身的男性捐赠的更多；而 Christopher J. Einolf（2010）在分析了过去 30 年来关于在志愿服务和慈善捐赠方面的性别差异的文章发现，认为支持关于"性别在慈善捐赠和志愿服务方面有地区差异"这一说法是具有社会偏见的，比如，在澳大利亚、美国、日本、荷兰和意大利，女性比男性参加的多，但是在加拿大并没有性别差异，并且瑞典男性更愿意去参加志愿服务和慈善捐赠（Musick & Wilson，2008）。其实性别的差异只是随着调查而异，依赖于调查的设计和所实施调查的城市。心理方面的研究发现，"女性帮助别人或参加志愿服务的意愿比男性强烈，但是实际的慈善行为和男性差不多"（Einolf，2011；Wilson & Musick，1998）。综上所述，不同的研究得出不同的解释，即是因为男性与女性在慈善事业面前具有相同的行为逻辑；是女性天生具有同情心，则捐赠的可能性会更大，还是男性在经济方面更加大方，则比女性捐赠的额度更多？不同的研究分析工具、不同的变量操作、不同的数据规模、问卷设计规则以及实施调查的区域等都会造成研究结论出现差异。另外，已婚者的家庭并不清楚是丈夫还是妻子或者是两者共同作出捐赠的决定，而本样本中已婚者所占比例为 80.26%，应会造成一定的误差。因此本章性别和年龄变量是否对城市居民的慈善捐赠额度有影响，还有待进一步的分析验证。

第二，统计分析发现：中共党员的平均捐赠额度比非党员的城市居民平均多捐赠 32.1 元；有宗教信仰的平均捐赠额度比无宗教信仰的城市居民多 42.8 元；与婚姻状况为未婚或其他的相比，已婚的城市居民平均捐赠额度增加 47.6 元，离婚的城市居民平均捐赠额度增加 88.3 元；户口为本市非农业的城市居民比户口为外地农业的居民去年平均多捐赠了 56.4 元；与没有参与过志愿服务的城市居民相比，参加过志愿服务的城市居民的平均捐款额度增加了 244.6 元；相对于生活幸福感一般和较差的城市居民来说，生活幸福的城市居民比幸福感较差的城市居民的平均捐赠额度多 60.6 元。这也与胡荣、Brooks 的研究观点相一致：一是在中国这种特定的文化背景下，与非党员居民相比，中共党员身份被赋予了更多的社会责任和角色规范，这种党员的身份认知和外界赋予的压力会促使其在亲社会行动方面比别人发挥更加重要的作用。二是亨利曾对宗教与慈善的关系做过“宗教乃是慈善之母，不论思想上，还是生产过程上，莫不如此”的概括。宗教的核心思想是鼓励人们去从事慈善事业，去关心帮助特殊群体的，因此拥有宗教信仰的人比无宗教信仰的人更倾向于参与慈善捐赠。三是在本市或本社区居住的时间长短或者是否拥有该市的户口会造成人们归属感的差异，进而影响人们之间的融合过程、个人关系网络的构建、信息机会的共享以及信任水平的高低，这些身份认同和心理归属感的建立均会影响个体的慈善捐赠意愿和慈善捐赠额度。四是城市居民个体是否决定捐赠，除了经济方面的考量之外，还受其心理方面的影响，即外向、乐观、情绪稳定的居民更愿意去捐赠，与感觉不幸福的人相比，生活幸福的人通常拥有乐观的态度，同时会连接其他资源而促进慈善捐赠行为。五是婚姻状态其实是社会资本的一种形式。国外相关的研究也经常将婚姻状态作为衡量家庭捐赠收入的一个因素，或者是家庭中孩子的数量用来测量居民的社会资本存量，即婚姻状态为结婚或者离婚的居民比未婚的人士拥有的社会关系网络和网络的异质性程度都存在着差异，同时与家人之间的沟通交流会形成关心他人意识的生成，从而也提高了其参与慈善捐赠的意愿。六是参与志愿服务的经历会促使人们捐赠得更多。这一研究结果同时也在 The Independent Sectors 所做的关于美国公民的志愿服务和慈善捐赠行为研究中得到了体现，其原因为参与志愿服务的这一经历会倾向于产生亲社会的心理特质，如关心、同情等。另外志愿服务经历会提高个体的慈善意识，帮助他人与慈善组织之间建立网络或联系，促进对慈善组织的信任水平，提高对慈善活动的认知；而慈善意识、亲社会心理特质、对慈善活动的了解和对慈善组织的信任，都会促进个体去从事慈善捐赠行为。

二、城市居民社会经济特征变量

在模型 1 和模型 2 中，城市居民的教育程度、工作状况、人均可支配收入、家庭经济状况变量与个体捐赠额度均有显著的正相关，即表明城市居民社会经济特征变量值的提高，相应地个体慈善捐款额度也会增加。一是具有本科或以上学历的城市居民慈善捐赠额度高于本科以下学历的城市居民，即城市居民的受教育年限的增加会提高其慈善捐款额度。此结果与胡荣、罗公利、刘慧明等相关研究观点一致，即城市居民的文化水平越高，受教育年限越长，则其知识素养、社会经济地位及社会责任意识也会越高，会用更加理性和发展的眼光来看待公益慈善事业，则相应地其持续稳定的慈善捐赠也会越多。二是相对于不工作和灵活就业的居民来说，拥有正式工作的居民会捐赠更多；人均可支配收入水平越高，则其慈善捐赠额度也会越多，人均可支配收入每增加1%，平均捐赠额度会相应增加0.127%，与家庭经济状况较差的家庭相比，经济状况好的平均捐赠额度增加47.2元。这一研究发现也与胡荣等学者的研究结果相一致，即收入水平对个体的慈善捐款额度具有较强的约束性。慈善捐赠是建立在经济理性的基础上的，城市居民的收入状况和家庭的经济状况均会影响到城市居民的慈善捐赠意愿与额度。据统计分析发现，城市居民参加公益活动的原因中“我有经济能力和时间参加公益活动”的为23%，而妨碍城市居民参与公益活动的因素中“没有足够的经济能力”为30.25%。这也体现了马斯洛需求层次理论，只有当个体较低层次的物质性需求得到满足后，才会追求精神性的价值需求。只有当个人或家庭的收入水平能够满足其物质性需求后，个人才有余力关注他人或组织的生存与发展（胡荣，沈珊，2013）；因此城市居民的社会经济特征变量对其慈善捐款额度具有积极的影响。

进一步分析城市居民的捐赠领域，即询问被访者过去一年为下面哪些领域捐过款，59.92%的被访者首选救灾，12.51%的被访者选扶贫。在中国这种特定的传统文化背景下，帮助处于灾害贫困中的人已被视为一种道德规范和社会责任。经统计分析发现：无论何种文化程度、宗教信仰、家庭经济状况，救灾都是其捐款的主要流向，表明在中国这种特殊文化背景下，具有道德约束性质的救灾领域与被访者的教育水平、经济状况、宗教信仰等因素没有关系；另外也说明了这种道德规范和社会传统文化背景会给捐款者造成一定的压力，这种压力同时也在驱动各种特征的城市居民去参与捐赠活动。

三、城市居民社会资本变量

国外相关的研究表明：总体的社会信任程度会增加人们对慈善事业的捐

款额度；个人拥有基于网络的社会资本（非正式参与、正式社团参与）越多，则宗教捐赠越多，长期捐赠也会越多。同时本研究模型 2 的回归分析结果也验证了这一观点，即社会信任水平、非正式联系网络的规模与正式参与网络的数量均会增加城市居民的慈善捐款额度。而桥网络在本研究中与慈善捐赠额度并无显著的影响，这也与国外的相关实证研究（Lili Wang. & Elizabeth Graddy，2008）和本研究的预期不相一致；因为个人关系网络异质性代表的是关系网络的广度和多样性，个人拥有来自不同社会背景的朋友越多，则表明其更加开放和尊重他人，因此他们会更加愿意支持或参与各种慈善活动，以便影响他们网络的多样化。统计分析发现，7. 57% 的城市居民参与公益活动的原因是因为“可以结识更多的朋友”；同时桥网络在一定程度上也反映了网络中所蕴含的资源，即赵延东在测量西部城乡居民社会资本时，将网络中联系人所从事的职业类型和职业声望的得分作为反映网络资源的指标。从前文关于网络、资源、信任和社会资本的区分中我们得知，网络中蕴含的资源程度与个体从中所能获得和使用的资源并不呈现一定的正相关，即个体从中所能获得的资源也与网络中成员联系活动的频次、沟通交流的程度、成员信任水平的高低密切相关。国外是通过询问被访者平常联系的朋友类型（从事的职业、种族等）来测量网络异质性程度，而本研究是基于春节拜年网来测量城市居民的网络资源，这一测量方法是符合中国特色文化背景的，并且与其他讨论网等测量工具相比，具有显著的效度和信度。因此，是因为该变量的测量方法与本研究内容不符合，还是受其他变量的影响降低了其显著性，都有待后期进一步的验证分析。

慈善捐赠是以一定的信任为基础，去帮助他人的亲社会行为。个体慈善捐赠行为的稳定性、持续性是与慈善组织的公信力、受助者的诚信度密切相关的，有较高诚信度的社会则信任水平就会越高。普特南指出，社会信任是伦理道德的核心组成部分，在一个共同体中，信任水平越高，合作的可能性就越大，同时也促使人们更愿意为了解决集体问题而作出贡献（Putnam，1994）。因此个体对组织、他人或者具有弱关系人群的信任水平越高，其慈善捐赠的额度则会越多。

本研究依据拜年网为依托来测量城市居民的非正式联系网络规模，“春节拜年网”已被证明能够真实地呈现中国居民的核心关系网络情况；其联系的人数越多，则意味着其拥有的人际关系网络和关系类型越广泛，同时关系网络促进了与他人相互的联系和交流，提供了有关信息、渠道和机会，使其更易了解慈善活动和被要求参与慈善捐赠，增加了社会责任感和慈善捐赠意识。通过分析妨碍居民参与公益活动的因素得知：“没有渠道参加公益活动”为11.63%、“对公益活动不了解”为23.57%。进一步研究发现，非正式网络规模越大，则“没有渠道参加公益活动”“对公益活动不了解”所占的比例越小；因此非正式联系网络与城市居民慈善捐款行为具有显著的正向关系。

数据统计分析发现，城市居民参加慈善活动的原因中“我觉得应该回报社会”为34.80%、“我觉得处境好的人应帮助那些处境不好的人”为41%、“我的宗教信仰促使我参加”为2.07%，表明社会责任意识、信仰或助人意识是促使城市居民参与慈善捐赠活动的影响因素。在中国特定的社会环境中，与一般群体或者组织相比较而言，共产党及其组织成员具有较强的社会责任意识，并且这种政治身份也会驱使其去从事慈善捐赠活动。Durkheim（1952）认为人们参与越多具有特定规范准则的组织，则更易按照此规范准则去行事。慈善行为是社会行为，受人们所处的社会环境的影响，社会环境拥有较强的积极的规范准则，则其将更易参与慈善捐赠，并且捐赠得越多。同时参与各种学会协会或社团俱乐部、社会文娱团体，成为组织的一员并与其他会员或者其他团体建立联系，一方面扩大了自己的私人网络，而不是仅限于熟人关系或者网络的差序格局，促使了关心他人意识的生成、提高了信任的水平；另一方面慈善捐赠是对特殊群体的帮助行为，这也是很多宗教团体、志愿公益组织、邻里互助组织的思想核心和组织的规范准则。因此，通过社团的参与将个人信仰、组织信仰和社会关系相结合，从而将他人的需要纳入自己的职责范围内。而本研究的正式参与网络指标包括中国共产党、民主党派、宗教团体、学会协会或社团俱乐部、邻里互助组织、公益组织6个方面，因此，不难理解城市居民拥有的正式参与的网络会增加其慈善捐款额。

模型2中纳入社会资本变量后，“政治面貌”变量不显著了，而其他变量在模型中的解释力降低了。这一结果也出现在国外的相关研究中。Brown，E.

& J. M. Ferris（2007）在分析社会资本与慈善行为的关系时发现，文化程度是影响个人慈善捐赠和参与志愿服务的重要的直接影响因素。但是当社会资本变量纳入模型中以后，其影响程度降低了。关于文化程度与慈善捐赠额度之间的关系的相关实证研究表明，其影响可能是文化程度与社会资本之间的联系所导致的，宗教信仰也如此。年龄与慈善捐赠额度之间的关系是呈“U”形的曲线，在降低前，会随着生命周期不断提升，而此规律也在社会资本的形成中发现，即随着年龄的增加，社会资本存量增加，而超过一定的年龄界限后，年龄越大，则社会资本存量将减少；但是当解释社会资本变量与慈善捐赠之间的关系时，则年龄的影响降低了（Brown & Ferris，2007）。W. Keith Bryant 等在影响私人慈善行为的研究中指出：个体社会资本包括婚姻状况因素，即单身或者离婚的人与结婚的人相比，具有较少的社会联系网络，因为婚姻状态为已婚的被访者会共享彼此的社会网络。本研究正式参与网络测量了城市居民是否是中国共产党党员或共青团员、宗教团体的成员，一方面，可能是因为正式参与网络指标与其有一定的逻辑相关，因此才会导致宗教信仰、政治面貌的影响程度降低；另一方面，城市居民的人口学特征变量如婚姻、政治面貌、宗教信仰和社会经济学特征如文化程度等，会影响其社会资本的构成。社会资本的理性选择模型表明，人们在投资人力资本的过程中也投资了相关的社会资本，特别是正式组织的会员关系与文化程度积极相关。Brown，E. 和 J. M. Ferris（2004）在讨论影响个体社会资本存量的因素研究中分析发现：文化程度会增加社会网络资本和社会信任资本存量；工作的人有较高的社会网络资本存量；身体健康状况差的人社会网络和社会信任资本水平均很低；女性有较低的社会网络资本存量，但有较高的信任资本存量；结婚的人往往会有较高的信任资本存量；等等。由此可知，许多影响慈善捐赠的因素与社会资本变量的存量也有着密切的关系，将社会资本变量纳入模型中，而其他变量的影响程度的削弱同时也验证了这一观点。因此，先前关于城市居民的人口学特征变量和社会经济地位变量对慈善捐款行为的影响程度，是夸大了还是这些变量是通过与社会资本变量之间的关联来共同影响居民的慈善捐赠行为，还有待后期进一步地研究分析。

综上所述，本章得出以下结论：

1. 城市居民非正式网络规模、正式社团参与数量与社会信任水平之间存在显著的正相关。模型的统计分析表明：城市居民社会信任水平分值每提高1分，则平均慈善捐赠额度会增加29.1元；非正式网络规模每增加一个档次（即10人左右），则平均捐赠额度会增加7.7元；正式参与的社团或组织数量每增加1个，平均慈善捐赠额度会提高13.6元。而桥社会网络并未发现对城市居民慈善捐赠额度有显著的影响。

2. 城市居民的人口学特征（政治面貌、宗教信仰、婚姻状况、幸福感、户口）、社会经济学特征变量（文化程度、人均可支配收入、家庭经济状况、工作状况）、居民的慈善捐赠额度之间存在显著的正相关。加入社会资本变量后，其影响程度的减弱说明了城市居民的人口学特征变量（如婚姻、政治面貌、宗教信仰）和社会经济学特征（如文化程度等）会影响其社会资本的构成；而以前在未加入社会资本变量前，这些变量与慈善捐赠的影响部分可能是由于其与社会资本之间的联系引起的。因此，先前的关于城市居民慈善行为的研究有待于重新检验分析。

3. 社会资本变量不同维度与城市居民慈善捐款额度的影响程度是不一样的，因此测量社会资本与个体慈善行为的关系，应真正测量不同社会资本类型与其之间的关联。同时，以前相关的研究只侧重分析人口学特征变量和社会经济学特征变量与城市居民慈善捐赠额度之间的关系，而忽视了社会资本变量与慈善行为之间的影响，即城市居民的信任水平、城市居民关系网络的规模、城市居民参与社团的数量均会增加其慈善捐赠的额度。这些结果表明了个人与他人或组织之间的联系、个人对组织或他人的信任水平在鼓励人们参与慈善捐赠方面的重要性。然而本研究并没有建立社会资本变量与慈善捐款额度之间的因果关系，因此这些捐赠多的可能会增强他们与他人或组织之间的联系，提高其社会资本存量，则后期的时间序列或者面板数据研究将会有可能确定两者之间的关系。

4. 慈善组织所需要的时间和金钱，是以个体慈善行为为基础的。了解促进个体慈善捐赠意愿的因素对慈善组织的发展以及慈善机构收入来说是至关重要的，同时还可以为相关慈善团体吸纳更多的志愿者从事慈善事业提供相应的建议，因此这也提示我们如果想吸引更多的捐赠。一方面，政府应当制定相关的措施来促进公共网络的发展，如公园或图书馆等公共基础设施的建立，搭建人们之间沟通交流的桥梁，促进相互之间的互动，扩大个人社会网络规模，从而提高个体参与慈善捐赠的机会。另一方面，慈善组织或相关团体应当提供志愿活动或者参与的机会和渠道，以建立机构与潜在捐赠者之间的联系，为了提高潜在捐赠者的非正式或正式参与网络规模和网络的多样性，应当首先提高他们对慈善组织或慈善活动的信任与认知，增强他们组织对慈善理念的认识和公益活动的了解，同时提高组织自身的公信力，这样将会促进更多的慈善捐赠。

5. 反思：第一，关于社会资本的测量目前还未形成统一的测量方法。本章是基于亲社会行动领域方面国外相关的研究，结合国内不同社会资本维度的测量方法，同时考量大规模的数据调查的现实而得出的。虽然有相关的理论做支撑，但在问卷的研究设计、测量的准确有效度和数据的搜集整理分析方面难免会有偏差，因此关于社会资本的测量还有待以后相关的研究进行补充和完善。第二，关于城市居民慈善捐赠行为的数据搜集主要是基于自我报告、回忆和有关慈善行为的社会赞许性偏见，可能会影响关于慈善捐赠额度和次数等方面的数据真实性。第三，限于是横截面数据，因此关于社会资本与慈善捐款行为之间的因果关系，社会资本变量与其他人口学特征变量、社会经济特征变量的关系，即社会资本与慈善捐款是否互为因果，教育、宗教信仰、政治面貌等人口学特征变量对慈善捐款的影响是否部分是通过社会资本这一维度，社会资本变量、人口学特征变量、社会经济学特征变量对慈善捐款行为的影响程度的高低，都有待于后期基于时间序列数据或者持续的跟踪调查来进行深入的探究和分析。第四，目前关于影响个体捐赠行为的研究主要侧重于其是否参与捐赠、捐赠的额度，而个体为什么选择不同的捐赠领域，选择不同的捐赠途径，还未有系统的研究。慈善组织想要吸引潜在的捐赠者，则需要了解不同个体特征的人们更易倾向支持哪些特定的领域或者是通过哪些途径参与捐赠。因此，关于此方面有待后期进一步的研究分析。

第四章　价值观对城市居民志愿服务参与意愿的影响

——社会工作视角

从20世纪80年代开始，许多国家开始意识到政府公共部门和以营利为目的的社会组织在社会问题解决上的局限性，于是志愿服务开始在西方兴起并不断发展。在我国，志愿服务的发展伴随着改革开放的脚步而开始，先后经历了由小到大、由弱变强的过程。2008年后，我国志愿服务进入全面发展时期，志愿者已经成为促进社会发展的重要力量。与此同时，志愿者也是社工机构重要的人力资源，“建立社会工作人才和志愿者队伍联动”也被写入《国家中长期人才发展规划纲要（2010—2020）》等重要文件，各地的社工机构在相关政策的指引下开始积极探索“社工 + 志愿者”的“双工联动”模式。对社工机构来说，研究个体志愿服务的参与意愿有助于了解居民志愿服务意向，是挖掘志愿者这一人力资源的高效途径。国外有大量研究证明了价值观对亲社会态度或行为的重要作用。所以将价值观应用于志愿服务参与意愿的研究上，将具有重要意义。

本研究使用Logistics模型分析了价值观对志愿服务参与意愿的影响，得出以下结论：一是博爱、友善、遵从价值观对志愿服务参与意愿具有正向影响。博爱价值观的得分每增加1分，城市居民未来参与志愿服务的可能性是原来的1.040倍；友善价值观的得分每增加1分，城市居民未来参与志愿服务的可能性是原来的1.027倍；遵从价值观的得分每增加1分，城市居民未来参与志愿服务的可能性是原来的1.090倍。二是权力、享乐、自主价值观对志愿服务参与意愿具有负向影响。权力价值观的得分每增加1分，城市居民未来参与志愿服务的可能性是原来的0.933倍；享乐价值观的得分每增加 1 分，城市居民未来参与志愿服务的可能性是原来的 0. 910 倍；自主价值观的得分每增加 1 分，城市居民未来参与志愿服务的可能性是原来的 0. 969 倍。

第一节　引　言

我国志愿服务的萌芽产生于 20 世纪 60 年代，当时，毛泽东提出了“向雷锋同志学习”的号召，于是我国掀起了“学雷锋”活动的热潮。改革开放后，随着西方志愿服务理念逐渐传入我国并落地生根，我国个别地区和城市初步建立了一些志愿服务组织。进入 20 世纪 90 年代以后，官方志愿组织陆续成立，其中具有代表性的是中国青年志愿者协会和团中央青年志愿者工作部，90 年代后期还出现了许多行业性志愿服务组织。2008 年在我国志愿服务事业发展的历史上具有重大意义，这一年我国发生了两件大事：汶川地震和 2008 年北京奥运会。汶川地震后许多志愿组织都自发组织志愿者前往灾区参与救灾工作，奥运会期间需要众多的赛会志愿者和城市志愿者，这大大激发了公民参与志愿活动的热情，所以以这两大事件为契机，我国的志愿服务事业也自 2008 年后进入了全民参与的全面发展时期。

社会工作产生于志愿服务，学界认为，19 世纪在美国开展的“睦邻组织运动”和“慈善组织会社”直接推动了专业社会工作的产生。睦邻友好运动领袖简 · 亚当斯在贫困社区建立俱乐部，将社区居民聚集起来成为志愿者并一起讨论和解决社区中的问题，在这个过程中，简 · 亚当斯形成了一套独特的工作方法和策略，这套工作方法和策略为专业社会工作提供了相关基础。“个案工作”之母——玛丽 · 里士满在慈善组织运动中对作为“友好访问员”的志愿者进行专业培训，以让这些志愿者为社区中的贫困家庭提供更好的服务，这里的志愿者——“友好访问员”被视为最早的个案工作者。玛丽 · 里士满还概括了社会工作与志愿者的关系，她认为社会工作者的立足需要志愿者的参与，而社会工作者的一项基本责任就是帮助和支持志愿者。童敏认为“专业社会工作产生于志愿服务活动中，其目的是提供科学化的慈善服务帮助社区中的贫困人群”。所以社会工作与志愿服务从一开始便是不可分割且相互支持的关系。

从我国社会工作专业发展的实际来看，专业的社会工作者对于社会工作机构来说一直是有限且不足的，比如在社区工作领域中，服务群体非常庞大，面对庞大的服务群体，社工机构的专业社工往往显得力不从心，所以众多的社会工作服务机构开始探索招募志愿者以缓解人力资源不足的状况。不止社工机构看到了志愿者作为人力资源在社会工作机构中的重要作用，党和政府也看到了社会工作以及社会工作与志愿服务联合的重要性，“社会工作”在2015—2017年间连续三年写入政府工作报告，“建立社会工作人才和志愿者队伍联动”也被写入《国家中长期人才发展规划纲要（2010—2020）》等重要文件，于是各地的社工机构在相关政策的指引下开始积极探索“社工+志愿者”的“双工联动”模式。

纵览国外学界关于志愿服务的研究，可以发现，国外学界对于志愿服务的研究已经非常深入和具体，从以下视角解释分析：第一，心理学视角，运用心理学理论来探究志愿服务动机。第二，社会学和人口学视角，性别、年龄、婚姻状况、教育水平、宗教信仰等都对个体参与志愿活动有显著影响。而反观我国的志愿服务研究现状，大部分研究还停留在宏观问题上，深入具体的研究趋势刚刚开始形成。

艾森伯格的亲社会行为理论认为，价值观对个体的助人意图确定具有重要影响，Paul Dekker 和 Loek Halman 也提出了价值观对志愿服务的重要性。20世纪90年代，自施瓦茨价值观理论提出以来，国外已经利用该理论进行了广泛的实证研究并取得了众多有意义的研究结论，已有一些学者将施瓦茨价值观理论应用于志愿服务领域，而在我国将价值观与志愿服务联系起来的实证研究十分少见。

志愿服务参与意愿是志愿行为发生的可能性，具有志愿服务参与意愿的人将成为社会工作机构潜在的人力资源，那么价值观对城市居民志愿服务参与意愿的影响是什么？城市居民的志愿服务参与意愿还受到哪些因素的影响？

为了回答上述问题，本研究基于施瓦茨的价值观理论和艾森伯格亲社会行为理论模式，通过对北京师范大学社会发展与公共政策学院在全国27个城市进行的公益行为调查所获得的数据进行分析，确定价值观对城市居民志愿服务参与意愿的影响。本研究的意义体现在如下两方面：第一，在梳理国内文献的过程中发现，鲜有研究引入价值观这一解释框架来研究志愿服务参与意愿，所以用价值观来解释志愿服务参与意愿具有一定的理论意义，将从理论上丰富关于志愿服务的研究。第二，志愿服务对于社会发展具有重要作用，尤其是在当前“社会治理”的政策背景下，多地都在积极探索“社工＋义工”的双工模式，志愿服务强调“自愿性”，那么如何才能够从根本上发动广大居民参与志愿服务的主动性，这是值得思考的问题。本研究通过研究价值观对居民志愿服务参与意愿的影响，并分析其他相关因素对志愿服务参与意愿的影响，可以为“社工＋义工”模式发展提供实证依据的根本点，为社工机构制定符合实际的志愿者管理机制与激励机制提供实证依据，让“双工模式”更好地发挥作用。

第二节　文献综述

一、相关概念

1. 价值观

“价值观”在《辞海》修订版中的释义为：对人生、事物的看法或评价。人类对于价值观的探讨贯穿整个人类发展史，最早可追溯到西方古希腊时期“智者”辈出和我国春秋战国时期“百家争鸣”的时代。近现代对于价值观系统而广泛的研究开始于20世纪二三十年代，Allport对价值观进行了开创性的研究，到了四五十年代，关于价值观的研究取得众多研究成果，到了八九十年代至今则进入繁盛阶段。其中关于人类社会基本价值观的研究，有三个著名代表人物：Kluckhohn，Rokeach和Schwartz。Kluckhohn是价值观早期研究的代表人物，她的理论贡献在于她所提出的价值观的定义结束了价值观概念定义的杂乱局面。Rokeach则是开创了对价值观维度和内容研究的新局面。

而Schwartz以Rokeach的研究成果为基础，对Rokeach的理论进行批判研究后，取长补短，通过十几年的研究，发展出了至今依旧被认可和广泛应用的价值观理论。表4－1列举的是这三位学者对价值观的定义。从三位学者的定义中可以看出，“价值观”具有一般性和原则性，能够指导个体的态度和行为（Rokeach，1973；Schwartz，2010）。

表4－1　价值观的定义

学者	价值观定义
Kluckhohn（1951）	价值观是一种外显的或内隐的，有关什么是“值得的”的看法，它是个人或群体的特征，它影响人们对行为方式、手段和目的的选择
Rokeach（1973）	价值观是一般性的信念，它具有动机功能，它不仅是评价性的，还是规范性的和禁止性的，是行动和态度的指导，是个人的也是社会的现象
Schwartz（1987）	价值观是合乎需要的超越情境的目标，在一个人的生活中或其他社会存在中起着指导原则的作用

2. 志愿服务

除志愿服务外，我们也经常听到志愿行为、志愿行动、志愿工作这样的概念，它们并没有本质区别。2006年团中央出台的《中国注册志愿者管理办法》对“志愿服务”定义为：“志愿服务是指志愿者组织、志愿者服务社会公众生产生活和促进社会发展进步的行为。”从官方机构和学者对志愿服务的定义中，我们可以看出，志愿服务概念中公认的几个要素是：首先，自愿、无偿、利他；其次，所有的志愿服务的终极目标都与社会的进步发展有关。

3. 志愿服务参与意愿

在阅读文献的过程中我们发现，学界对于志愿服务参与意愿的概念没有明确界定，在其测量上也未有统一公认的测量方法，甚至在志愿服务的参与意愿上不同的学者也有不同的理解。

陈茗是较早研究公民志愿服务参与意愿的学者，他曾对老年人的志愿服务参与意愿做过研究，在他的研究中，将老年人参与意愿分为“希望参加、如有机会就参加和不想参加”三种选择（陈茗，林志婉，2004）。也有学者将“意愿”视为对志愿行为的态度看法，如徐金燕等将意愿操作化为“参与社区志愿服务是每个居民应尽的责任和义务、参与社区组织能够更好地为社区尽力；如果条件允许，我愿意参加这样的组织，每个人都应积极参与社区里的各种志愿服务，关心社区的人和事”（徐金燕，陆自荣，蒋利平，2012）。徐金燕对“意愿”的具体测量内容中混杂着社会规范、利他主义价值观、个人情感体验等多种因素，这种测量方法有一定道理，但稍显混乱，维度不清。何欣等在研究北京市青少年志愿服务参与意愿时默认将志愿动机划入志愿服务参与意愿的范围内（何欣，张娅楠，谢玮洁，2016）。何欣认为志愿者的服务意愿是指：“志愿者主动参与志愿服务，并愿意发挥主观能动性，积极投入志愿服务的程度，并以‘主动性’‘服务时长’‘参与频率’三个维度来测量该地区志愿者的服务意愿。”沈丹妮对志愿服务参与意愿的操作化与本研究基本一致。

所以通过以上学者对意愿及购买意愿的相关界定，本研究认为，志愿服务参与意愿是指个体在未来时间中，参与志愿服务的概率或者可能性，这种概率或可能性发生在志愿行为之前，对志愿行为具有预测作用，可以用“是”或者“否”来回答这种概率或可能性。

二、文献回顾

1. 国外关于价值观的研究及应用

价值观是较为抽象的概念，从价值观研究之初，价值观的操作化就成为价值观研究的中心，众多研究者们基于不同的理论对价值观的维度和内容分类有过许多探索。Perry 将价值观划分为六种：认知的、道德的、经济的、政治的、审美的和宗教的。Allport 将价值观分为经济的、理论的、审美的、社会性的、政治的和宗教的六类。Kluckhohn 在 1950 年的《社会力量》期刊上发表过一篇文章，在这篇文章中 Kluckhohn 围绕“价值取向”这一基本概念发展出了一个关于价值观的概念框架。这个框架的基本假设是：（1）所有人类社会都面临某些共同的问题，必须找到解决这些问题的办法；（2）可能的解决方案是有限的；（3）所有的解决方案在任何时候都存在于所有的社会中，但它们是不同的等级排序，一个通常是主导地位的，另两个是二阶或三阶地位。Kluckhohn 还描述了价值观的五个问题区域，并为每个问题区域假设了三个备选“解决方案”。具体如下：（1）人性的本质（三种可能的取向是善、中立、邪恶)；(2) 人与自然的关系（服从、协调或支配)；(3) 对时间的感知（面向过去、现在或未来)；(4) 人与人之间的相互关系（直系关系、群体性关系、个体性关系)；(5) 人类的活动导向（注重过程、注重活动结果、注重活动本身)。

Rokeach 将价值观划分为“工具性价值观”和“终极性价值观”两个层次，工具性价值观是个人期待的处事方式或行为方式的个人信念，终极性价值观是关于人的终身目标或目的的个人信念。这两个层次每个层次由18个信念价值组成（见表4－2)，该划分方式打破了之前的研究者对价值观的模糊划分，开始从维度上对价值观的结构进行探索。

表4－2 Rokeach 的价值观分类

工具性价值观	终极性价值观
有抱负的	舒适自在的生活
心胸开阔的	令人兴奋的生活
有能力	有成就感
欢愉的	和平的世界
干净的	美丽的世界
有勇气的	平等
宽容的	家庭安全
愿助人	自由
诚实的	幸福
富于想象的	内心的和谐
独立的	成人的爱
智识的	国家安全
有逻辑	快感
有爱心的	得救
服从的	自我尊重
礼貌的	社会认可
负责的	真正的友谊
有自制能力的	智慧

Rokeach 的研究结果集中在《人类价值观的本质》一书中。该书对价值观研究领域来说是一本开拓性的著作，激发了更多学者关于人类价值观的研究，但是这本书也被众多学者所质疑，这本书 12% 的参考文献来自 Rokeach 及其学生的文献，被有的学者视为“自我合法化”的研究，并提出了很多疑问，如质疑 Rokeach 所提出的描述价值观的词汇标签的代表性，这些特定的词汇与生活中的认知或经验“现实”之间的假定联系是什么，是否存在社会可取性或需求特征的问题等疑问。尽管 Rokeach 的研究不尽完美，但依然开创了价值观研究的新局面（Rokeach，1973）。

20 世纪 80 年代末，Schwartz 在 Rokeach 的研究成果之上发展出了一种新的划分价值观维度的方法。Schwartz 回顾了大量文献后，从众多学者对价值观的定义中总结出了 5 个关于价值观定义的共性：（1）概念或信仰；（2）关于理想的最终状态或行为；（3）超越特定情境；（4）指导行为和事件的选择或评估；（5）按相对重要性排序。Schwartz 认为，以上这些形式上的共性特征对价值观的内容并没有什么实质意义。从对价值观的定义上来看，Schwartz 和 Rokeach 两位学者对价值观的定义相似。在 Rokeach 的定义中，Rokeach 强调工具性价值观和终极性价值观的区别，但是 Schwartz 并未找到能够证明这种区别的实证证据，并质疑其效用。所以 Schwartz 对价值观的内容形成了一个综合而又简约的类型学概括，并对价值观的性质和来源作出了理论假设，即认为价值观是人类三种普遍需求的认知表现。这三种普遍需求是：（1）有机体的生物学基础需求；（2）人际协调的社会互动需求；（3）群体福利和生存的社会制度需求。这三个普遍要求是任何个体都存在的，个体为了应对现实，就必须认识、思考并计划对这三个要求的响应，要想成为有效的社会团体成员，个人必须与他们联系起来，通过认知发展，个体能够有意识地将需求作为目标或价值观来表达，通过社会化，个体被教授文化共享的术语，使他们能够就这些问题进行沟通。所以 Schwartz 以 Rokeach 量表为数据池，基于社会学心理学等学科的相关理论，对 Rokeach 的价值观分类重新考量，衍生出了 7 种价值观的动机域（见表 4 –3）：

表 4-3　Schwartz 早期的价值观划分

动机域	对动机域的解释
享受域	每一个有机体都必须满足其生理需要，并从中获得快乐
安全域	生物体的第二个基本需要是在身体上生存，避免对其完整性的威胁，生理上或心理上的健康和完整可能是个人生存和身体健康的重要因素，从长远来看，社会互动和制度运作的需求要求群体（家庭、国家）的安全
成就域	第三个基本需要是发展和使用技能，从物质和社会环境中获得繁荣所需的资源，这是成功的社会互动和机构运作的重要要求
自我导向域	人类有一种内在的欲望去探索和理解现实，自我导向领域的价值观是指一个人对决策、创造力和行动的独立能力的依赖和满足
限制遵从域	社会交往和群体的顺利运作要求个人抑制不守纪律的冲动，抑制可能损害他人利益的行为，这些自我约束的要求被建立在所有社会发展的道德体系中，并被个人内化为良心或超我
亲社会域	积极地关注他人的福利也是集体繁荣的必要条件。这种积极的社会要求也建立在道德体系中，它以利他主义、仁爱、仁慈或爱等价值观来表达
成熟域	包括智慧、宽容、对信念的信仰、深厚的情感关系以及对创造之美的理解，这些价值观唤起人们对自我实现的人的定义

1990 年，施瓦茨发表了对 1987 年价值观理论的跨文化研究报告。在报告中，施瓦茨提到，为了检验价值观理论的普遍适用性，选择了澳大利亚、美国、西班牙、芬兰几个国家和中国香港地区，对这些国家和地区的社会科学数据进行考察研究。通过增加文化异质性和样本量，使用不同的方法测量价值观和研究不同教育水平的群体，加强了理论检验并提炼和扩展了理论要素。1992 年，Schwartz 将其对价值观研究的过程做了详细呈现，确定了 10 种通过跨文化验证的个体基本价值观：自主、刺激、享乐、成就、权力、安全、传统、遵从、友善、博爱，并推出其新的价值观测量工具《施瓦茨价值观量表》（*Schwartz Value Survey*，SVS），后来施瓦茨的价值观理论逐渐成为价值观研究的主流理论，施瓦茨价值观量表也成为价值观测量的重要工具。

在施瓦茨价值观理论的应用上，国外学者重点将其应用在亲社会态度以及亲社会行为的研究上，大多数的研究都表明亲社会价值观与亲社会态度或行为具有正相关关系。Paciello 等人基于艾森伯格的亲社会道德推理理论、施瓦茨的价值观理论和班杜拉的道德脱离理论，研究了青春期个体的价值观、亲社会道德和道德脱离在帮助决策过程中的作用，研究结果表明：尽管存在其他导向价值观的内在化和亲社会推理的内在化，但道德脱离有助于避免道德责任，并允许潜在的帮助者优先考虑自己的需求。Daniel 等人研究调查了四种文化（德国、英国、以色列和土耳其）中大学生的个人价值类型与助人行为之间的关系，研究结果表明：自我超越、自我增强、保守和开放的价值类型与助人行为相关，具体来说，自我超越价值观与助人行为正相关，自我增强和开放改变价值观与帮助行为负相关（Daniel，Bilgin，Brezina，Strohmeier & Vainre，2015）。Döring 等人基于施瓦茨的价值观理论研究了幼儿家庭亲子价值相似性，他们提出家长亲社会教育目标是亲子价值相似性的重要预测因子，并假设父母越希望子女认同自我超越的价值观（帮助、支持和照顾他人），而父母越不希望子女认同自我增强的对立价值观（争取权力和成就），父母与子女的整体价值相似度越高，在瑞士与德国进行的两项家庭研究均证实了这一假设（Döring，Makarova，Herzog & Bardi，2017）。Monteoliva 等人在依恋理论的基础上，通过使用施瓦茨的 PVQ 问卷，研究了不同依恋方式的个体在不同的自我和他人模式下是否具有不同的亲社会价值观和态度，结果表明：安全个体在自我超越和开放维度的价值观得分较高，而不安全个体在自我保护和自我增强上得分较高（Monteoliva，García-Martínez，Santa-Bárbara & Calvo-Salguero，2018）。

2. 国内关于价值观的研究及应用

国内关于价值观的研究基本都是在国外价值观研究的启发下进行的，在 20 世纪八九十年代较为繁荣，主要的研究成果也基本在这一时期诞生。我国关于价值观的研究从总体来看更加侧重于文化层面的研究，尤其侧重于对中国文化或华人文化背景下价值观的挖掘。

青少年处于价值观的形成时期，青少年价值观的特点历来就受到我国社会和学界的关注，所以在价值观的研究对象上，青少年是主要的研究对象。如“在 1988 年至 1990 年，中国社科院对城乡青年所进行的价值观调查，从人生、道德、政治、职业、婚恋与性五个角度进行了分析，并总结了青年人价值观演变的基本特点”（金盛华，辛志勇，2003）。

以上关于价值观的研究多沿用了西方的理论成果，或者是在此基础上进行本土化的修改，如很多学者使用的《Rokeach 价值观量表》和 Allport 等人编制的问卷，这两种价值观量表在国外价值观研究中属于早期价值观研究的研究工具，已经受到众多学者的质疑，所以在这两种量表基础上进行的价值观研究的研究结果有待商榷（彭凯平，陈仲庚，1989）。

改革开放后，在社会发生巨大变迁的冲击之下，一些学者发现了代际价值观的研究价值。廖小平提出："中国社会价值观的代际变迁与改革开放的进程基本同步，代际价值观的变迁与社会整体价值观的变迁基本相同，青年价值观在社会价值观中起到重要作用。"魏莉莉比较了我国"'90后'与'80后'的代际价值观差异，研究发现'90后'比'80后'更具有后物质主义价值倾向，对政治上自我表达的需求更高以及利他行为的参与度更高；青年一代的后物质主义价值观反映了个体内在的价值追求，体现的是个体化进程"（魏莉莉，2016）。

3. 价值观的测量

关于价值观的测量，国外有许多测量工具，比较有代表性的有：*Rokeach Values Survey*，*Schwartz Values Survey*，Oishi编制的*Pairwise Comparison Values Survey*，Allport等人编订的*Study of Values*等。这些量表的理论基础是价值观的结构，关于价值观的结构有两个基本问题：一个是价值观位于个体的意识层面还是潜意识层面，另外一个是不同的价值观是纵向还是横向存在于个体之中。在这两个问题的指引下，形成了两种价值观的测量取向——直接测量与间接测量。直接测量是向个体直接呈现一系列的价值观，让其评价不同价值观的重要程度。间接测量倾向于为个体呈现一系列的行为选择，通过个体的行为选择来推断其价值观结构。直接测量法是国际上比较主流的价值观测量方法，根据不同学者对价值观的不同理解，直接测量法又可以细化为：排序法、比率法、两两比较法、主观偏好量表四种方法，代表量表分别为：*Rokeach Values Survey*，*Schwartz Values Survey*，*Pairwise Comparison Values Survey*，Schwartz对SVS进行修订后编制了*Portrait Values Questionnaire*（《肖像价值观量表》）。间接测量法认为价值观存在于个体的潜意识之中，其中以行为情境量表最为常用，以*Study of Values*为代表（贺荟中，连福鑫，2011）。

在我国，关于价值观的测量主要沿用了国外的研究成果，并在此基础上稍做修订。也有少部分学者从我国国情出发编制了针对我国民众的价值观问卷，如：金盛华以中国民众生活事实为基础，编制了当代中国人价值观原始问卷，他发现当代中国人的价值观结构是由金钱权力、家庭本位、品格自律、守法从众、才能务实、公共利益、名望成就和人伦情感 8 个维度构成的（金盛华，郑建君，辛志勇，2009）；傅蓉等人以价值观文献和非结构化深度访谈为基础编制了当代中国人价值观问卷，得到了 5 个价值维度：家庭情感、人格品行、国家社会、处世人生、人际交往（傅蓉，郭齐勇，2018）。

4. 国外关于志愿服务的研究

国外志愿服务的发展是伴随着其公民社会的发展而来的，在 20 世纪 90 年代和 21 世纪初，国外便有一批学者就志愿服务与政治、经济和社会发展的关系进行过讨论，后来国外对于志愿服务的研究逐步深入化，关于志愿服务影响因素的研究越来越多，并以心理学、社会学、人口学等为学科视角，产生了关于志愿服务的一系列研究成果。

（1）心理学视角

一个人愿意为另一个人作出重大的牺牲，特别是这个人是一个陌生人的情况下，这种行为一直是心理学的重要关注点。志愿服务需要时间、经历和机会的个人成本，所以为什么人们要做志愿者以及什么支撑着志愿工作，引起了学者们的好奇，他们认为在这种行为表象下肯定有一些驱动因素。

在心理学视角下关于志愿服务的研究大都运用了心理学理论，如功能主义理论、自我决定理论、依恋理论等。比较有代表性的学者如 Clary，EG 等人将功能主义理论应用于志愿服务的动机问题的讨论，他们假设志愿服务可能具有 6 种功能，并设计了一种评估这些功能的工具（志愿者功能清单：VFI）。这个清单包括 6 种动机：价值观动机、自我提高动机、事业动机、社会动机、被理解的动机、保护的动机，其中价值观动机指志愿者参与志愿服务想要表达人道主义和利他主义价值观（EG，Clary et al.，1998）。Gahne. M 运用自我决定论研究了个人和环境因素对亲社会行为参与的影响，研究结果表明，自主取向与亲社会行为的参与密切相关，而自主支持与亲社会行为的参与略有相关。基于依恋理论的研究表明，倾向性和实验性操控的依恋有助于认知开放和移情，增强自我超越价值观，并培养群体外成员的容忍度。Gillath 等人研究了依恋理论中的两个维度——焦虑和回避是否与现实世界的利他主义志愿活动有关，研究结果表明，回避型依恋的个体志愿活动较少，并且在志愿活动中的利他主义和探索性动机也较少，焦虑型依恋与自我增强的志愿活动动机有关（Gillath et al.，2010）。Monteoliva 等人的研究发现与这项研究类似。还有一些学者讨论了内在人格与志愿服务的关系，Penner，LA 等人的研究表明，利他主义动机和亲社会人格特征能够预测志愿者的行为（Penner & Finkelstein，1998）。Carlo 等人的研究表明，亲社会价值动机在一定程度上调节了宜人性、外向性与志愿行为的关系（Carlo，Okun，Knight & Guzman，2005）。

（2）社会学和人口学视角

在社会学和人口学视角下的志愿服务研究主要集中在志愿服务的影响因素上，在志愿服务的影响因素中不得不提到“资本”视角。“资本”理论源于经济学领域，“资本”的开发被认为能够带来巨大的经济价值。在志愿服务研究中，“人力资本”和“社会资本”常常被用来研究志愿服务的影响因素，人力资本常被表述为劳动者的知识技能和健康状况等，如性别、婚姻状况、教育水平、收入，社会资本是个体在社会结构中所处的位置带来的资源，如社会网络、家庭关系。

Wilson 曾对志愿服务的相关问题做过完整全面的综述：在人力资本上，教育水平是志愿服务稳定的预测因素，教育能够提高人们对问题的认识，增加同情心，建立自信，同时教育水平高的人也可能从属于更多的组织，在这些组织中能够获得更多的公民技能；关于收入水平，理性选择理论假设志愿者时间与工资呈负相关，因为机会成本随着工资的上涨而上升，但在实际证据中，这个结论并不绝对，收入与志愿服务的关系会受到不同志愿服务对象以及不同志愿服务类型的影响；在性别上，调查研究表明，男性和女性自愿参加志愿服务的比例不同，女性普遍被认为具有更多亲社会行为，但在实际志愿服务中，性别差异并不绝对，性别与志愿服务的关系也会受到其他因素的影响，如志愿服务的类型、内容；在社会资本或社会环境上，社会网络被认为是影响志愿服务的重要因素，大多数研究认为，外向的人会了解更多的人并加入众多的组织，而频繁的社会互动有利于志愿服务的发生，同时较为紧密的邻里关系和宗教信仰也可以预测志愿行为；在家庭关系中，首先要提到婚姻状况，大部分研究表明，已婚夫妇更容易成为志愿者，同时，子女会影响家长的志愿服务，特别是对母亲的影响。

在人口学范围内，对于志愿服务的考量主要考虑年龄和种族，但后来年龄被 Wilson 扩展成生命历程说，种族被放在了人力资本视角下。在年龄上，Wilson 的生命历程说认为“当前的行为和态度有其根源于过去，但它们在生命历程中发生了变化，具有一定程度的可预测性”，在青少年时期亲社会态度和行为与家庭、学校教育和强制性志愿服务息息相关，到了中年时期，志愿服务与家庭和工作角色有关并且志愿服务形成了稳定的模式，到了晚年时期，老年人的志愿服务与多种因素有关，如是否有过志愿服务经历、进入晚年前的工作状态、志愿服务内容的意义等。在种族上，不同的国家有不同的研究结果：在美国，白人比来自其他种族或族裔的人更可能做志愿者，但美国的种族隔离和不平等程度较高，该结论并不能广泛推广；欧洲国家的研究表明，种族身份在志愿服务领域没有明显差别。同时国外还对移民身份下的志愿服务进行过讨论，移民身份下的志愿服务情况多样，与移民群体的文化、社会经济地位、公民身份、宗教信仰、受教育水平、年龄都息息相关。还有一部分研究主要集中在老年群体上，重点关注志愿服务与健康水平或死亡率的关系，大多数研究结果都证明志愿服务对老年人的健康水平有积极作用，能够提高健康水平或者延迟死亡（John Wilson，2012）。

5. 国内关于志愿服务的研究

我国关于志愿服务的研究伴随着时代发展呈现不同的趋势，在 20 世纪 90 年代到 21 世纪初的 20 年间，志愿服务在我国刚刚进入有组织的发展阶段，在具体实践中还在摸索中前进。学界关于志愿服务的研究还处在宏观研究阶段，主要关注以下议题：一是志愿服务在我国的发展现状；二是志愿服务发展的问题及西方经验的吸取。

（1）志愿服务的发展现状

学界对我国志愿服务发展现状的研究，主要从志愿服务的模式、志愿服务提供主体来分析研究。

邓国胜曾总结了我国志愿服务发展的几种模式，其所总结的我国志愿服务的发展模式被学界所认同并经常被引用在后来学者的研究中。他认为，我国志愿服务发展的模式有三种："第一种是'自下而上发展，自上而下推广'模式，典型代表是一些社区层面的志愿服务组织；第二种是'自上而下发起并推广'的模式，典型的代表是中国青年志愿者协会；第三种是'自下而上发起，自下而上发展'的模式，典型代表是一些草根组织"（邓国胜，2002）。

自志愿服务在我国广泛开展以来，青年群体就一直是志愿服务的主力军，青年群体具有较高的文化水平和身体以及年龄上的优势，所以学界对于青年群体的志愿服务研究从志愿服务在我国兴起至今一直是一个热点议题，关于青年群体的志愿服务主要关注志愿服务动机、志愿服务过程中存在的问题等。青年群体的参与动机总体来看可分为利己和利他两种。

（2）志愿服务发展的问题及西方经验的吸取

在我国志愿服务初步发展后，我国志愿服务事业呈现出了一些特点，同时也产生了一些问题。学界对我国志愿服务发展存在的问题基本达成了共识，这些问题主要体现在志愿服务的行政化色彩过浓、社会认知度低、缺少支持、志愿者缺乏管理以及激励机制不足等方面，同时越来越多的学者开始将西方社会志愿服务的发展与我国进行对比，试图寻找发展经验。从对比结果来看，西方志愿服务历史悠久，志愿理念深入人心；从志愿服务的开展主体来看，西方志愿服务政府高度支持，并由政府委托社团运作，公民积极参与，并且互联网已经开始助力志愿服务事业；从志愿服务的法治保障来看，西方志愿服务事业有成熟的法律体系作为保障。

2010年后，我国的志愿服务伴随着时代的发展发生了一些转变。谭建光结合"十三五"规划期间的社会发展状况以及政策走向，总结出了新时期我国志愿服务发展的新的十大趋势："一是志愿服务成为国家战略；二是志愿法规政策体系建立；三是志愿文化呈现多样形态；四是志愿行为主体：从青年到全民；五是志愿服务范围：从社区到社会；六是志愿服务组织分层发展；七是志愿服务项目分类实施；八是社工与志愿者合作日趋普遍；九是志愿服务督导评估机制逐步建立；十是'邻里守望'志愿服务成为国际品牌。"这一时期，学界关于志愿服务的研究开始具体化、深入化以及专业化，学者们更加关注志愿服务常态化和长效机制的建立以及志愿服务问题的优化，在志愿服务的主体上不再只关注青年人，有部分学者开始转向老年人志愿服务的研究，同时志愿服务也开始了与社工合作的探索（谭建光，2016）。

① 志愿服务常态化和长效机制的建立。关于志愿服务常态化和长效机制的建立，学界主要以青年人为研究对象，发现了青年群体在志愿服务过程中出现的问题以及志愿者管理工作中的不足，提出了相关建议。曾雅丽认为我国大学生志愿服务的志愿者招募机制、培训机制、评价机制和保障机制与国外和港澳台地区相比存在较大差距，应该积极培育大学生志愿文化，增强大学生的公民意识与社会责任感，完善志愿服务管理机制、保障机制、激励机制，同时还要提升大学生志愿服务队伍的专业化水平，增强志愿服务能力（曾雅丽，2012）。

② 老年人志愿服务成为研究热点。随着我国逐步步入老龄化社会和“积极老龄化”理论在我国的传入和应用，老年人从“社会的负担”逐步被视为“社会的资源”，社会越来越鼓励老年人“老有所为”，如参加志愿服务等公益活动，老年人丰富的人生经验以及自身所具有的知识特长是老年人开展志愿服务的巨大优势（钱宁，2015）。老年人参与志愿服务的动机与青年人有很大区别，青年人在志愿服务中看重的是对自身的锻炼和能力的增长，为日后的社会生活做准备，而老年人对物质生活的欲望趋于稳定，参与志愿服务更多的是为了丰富退休生活，保持与社会的联系，实现自我价值，获得精神上的满足。从服务场所来看，老年人志愿服务主要在社区开展，并以社区居委会为依托。还有一些学者的研究发现了老年志愿服务中存在的问题：谢拉黎认为，我国城市老年人志愿服务存在高意愿低参与的现象（谢拉黎，2017）；钱宁认为由于社区管理和服务的行政化倾向，使社区在组织志愿者服务时，往往重视志愿服务的形式，而忽视内容与需求（钱宁，2015）。

6. 志愿服务参与意愿的相关研究

从我国志愿服务的发展历程来看，现阶段我国的志愿服务的主要议题在于如何促进志愿服务常态化以及建立志愿服务的长效机制，这与我国志愿服务事业目前出现的问题直接相关。张网成教授曾指出我国志愿者管理工作普遍存在的问题，他通过对调研资料的分析发现“在志愿者管理工作中，志愿服务协议签订、志愿者培训、志愿服务内容、志愿者个人费用补偿等几个方面都显示出我国志愿者管理中存在严重问题”（张网成，2011a），这些问题成为严重制约我国志愿服务进一步发展的重要因素。他还指出了在这种管理状态下会产生的后果：“志愿者管理不善不仅会打击人们参与志愿服务的积极性，提高志愿者的流失率，还会降低志愿者及其组织机构的服务质量，损害志愿者使用机构的社会形象和运作能力。”所以，我们必须要高度重视志愿者管理问题。

从志愿服务参与意愿的实证研究来看，青年群体和老年群体一直是国内外志愿服务领域研究的重点人群。国外关于志愿服务参与意愿的研究表明，态度、个人认同度、主观规范、社会责任意识以及是否具有志愿服务经验都对个人的志愿服务参与意愿有影响。

Reuveni 等人运用计划行为理论（TPB）的扩展模型，探讨青少年参与老年义工意愿的相关因素，通过向来自以色列北部一所大型高中的 258 名九年级学生发放结构式问卷，调查他们的态度、主观规范、感知行为控制、过去行为、个人认同以及感知的道德义务，同时进行多元回归分析，结果发现，学生参与老年志愿服务工作的意愿总体很低，态度、主观规范和个人认同度是影响老年人志愿者意愿的主要因素（Werner，2015）。

在国内，有少部分学者对个别群体（社区居民、老年人、教师群体）的志愿服务参与意愿影响因素进行了研究。马卫红以“上海市城市居民委员会组织体制研究”所获得的数据为基础，“将年龄、收入、性别、文化程度作为个人基本变量，将社区依赖程度、居民交往程度作为社会因素，进行描述统计分析后，发现居民的社区参与意愿受到其个人背景和其所处的社区环境的影响，且社区环境的影响力大于个人背景的影响力”。马卫红的研究是从个人和社会两个角度出发的，这是一种较为直观和简单的维度划分，个人角度多为人口学变量，这些变量经常在相似的研究中作为控制变量出现（马卫红，黄沁蕾，桂勇，2000）。还有一些学者进行了探索性研究，陈茗对厦门市 4 个区及城乡接合部 50 岁以上的人口进行了问卷调查，“将影响老年人参与志愿服务等社会公益活动意愿的众多因素整合成经济资源、人口特征、时间资源和社会贡献意识等四大公因子，通过多元回归分析发现，文化程度、收入状况、年龄层次和社会贡献意识是城市老年人参与志愿服务等社会公益活动的主要影响因素”（陈茗，林志婉，2004）。

7. 价值观与志愿服务参与意愿的相关研究

Paul Reed 和 Kevin 以一项针对 2300 名加拿大人的国内调查数据为基础，该调查涵盖了近 100 个不同的价值观和理想，研究者试图确定哪些价值观、观念、信仰与志愿活动显著相关。研究结果显示，区别志愿者和非志愿者的特征价值轮廓被描述为“一种慷慨与民间参与和对共同利益的关注混合在一起的综合征”，这种综合征不仅表现出亲近感，还表现出一种慷慨，并与公民参与和对公共利益的关心交织在一起。Henrietta Grönlund 等人利用来自北美、欧洲、中东和亚太地区 13 个国家的学生志愿活动实证研究项目的数据，对文化价值观如何影响对志愿服务的态度进行了研究，其结果表明：文化价值观念不同的国家在动机上存在差异，与个人主义得分较低的国家相比，来自个人主义得分高的国家的学生对简历（求职简历）动机的得分较高；集体主义文化价值观占主导地位的国家的学生对利他动机的评价高于其他国家的学生（Grönlund，2011）。Shantz 等人以英国一个国际援助和发展机构的 534 名志愿者的数据为基础，开发并测试了一个整体模型。在所提出的模型中，最远端的预测因子是利他主义或人道主义价值观。通过研究发现，亲社会价值观与志愿时间之间存在着正相关的关系，与那些较少被这种价值观念所激励的人相比，那些被利他主义或人文关怀相关的价值观念所激励的个人会花费更多的时间去做志愿服务（Shantz，Saksida & Alfes，2013）。

在我国，“社会主义核心价值观”经常与志愿服务一同出现。学界普遍认为，志愿服务是大学生践行社会主义核心价值观的重要途径，所以社会主义核心价值观下的志愿服务与大学生的思想政治教育工作紧密相连。但社会主义核心价值观是一种社会的整体价值观，与个人价值观有一定的区别，不能代表个体的个人价值观。

三、理论基础

1. 施瓦茨价值观理论

施瓦茨在前人对价值观研究的基础上提出了自己的价值观理论，在他的理论中，最主要的部分就是价值观的环状结构模型。施瓦茨认为自主、刺激、享乐、成就、权力、安全、传统、遵从、友善、博爱这10种价值观组成了一个动机连续的环形结构，如图4－1所示，在这个模型中，包含了10种不同价值观之间的相容和相对关系：在模型中位置越近的价值观，它们的动机类型也越近；在模型中处于相对位置的价值观，它们的动机类型也是相对的。

模型中包含11对相容价值观：（1）权力—成就：两者均强调社会优越性和自尊；（2）成就—享乐：两者均注重以自我为中心的满足；（3）享乐—刺激：两者都需要情感上愉快的刺激；（4）刺激—自主：两者都涉及对新奇事物的内在兴趣和掌控；（5）自主—博爱：两者都表达了自主判断和广泛适应性；（6）博爱—友善：两者都与增强他人福祉和超越私利有关；（7）友善和遵从都要求规范的行为，促进密切的关系；（8）友善和传统都促进了对一个人入社的奉献；（9）传统—遵从：两者都强调自我约束和服从；（10）遵从—安全：两者都强调维护秩序及和谐的关系；（11）安全—权力：两者都强调避免或控制关系与资源来克服不确定性的威胁。在施瓦茨的价值观结构中，还同时存在着四对相对关系，它们通常会引导个体产生相反的行为或判断，包括：（1）自主/刺激对遵从/传统/安全：前者强调独立自主的思想和行动，以及喜爱变化；后者强调自我约束、服从、践行传统、保持稳定。（2）博爱/友善对权力/成就：前者强调平等地接受他人，关心他人福祉。后者强调追求个人的相对成功和对他人的权力。（3）享乐对遵从/传统：前者强调满足个人欲望；后者强调控制个人冲动，接受外部限制。（4）传统/友善/博爱对享乐/权力/成就：前者强调超越日常生活寻求人生意义；后者强调追求感官和物质回报。

施瓦茨提出了对基本价值观进行划分的两个维度，开放对保守、自我超越对自我增强，其中："维度一：开放（自主、刺激、享乐）—保守（遵从、传统、安全）。在这个维度上排列的价值观两端，一端表达的是人们在不可预测和不确定的情况下跟随自我智慧和情感兴趣的动机强度；另一端表达的是人们保持现状、维持与亲近的人及与社会机构和传统之间确定性的动机强度。维度二：自我超越（博爱、友善）—自我增强（权力、成就、享乐）。在这个维度上，一端与强调追求自己相对成功和统治他人（权力和成就）的价值观相反，一端与强调平等接受他人和关注他人福利（普遍主义和仁爱）的价值观相反。”

图 4-1　施瓦茨价值观环状结构

有两种价值观所处的位置需要特别说明：（1）享乐价值观具有“开放”和“自我提高”的双重属性。一方面，其关注自我的满足，但又不具有成就和权力价值观所具有的竞争性、控制不确定性等动机；另一方面，其又体现一定程度的寻求刺激和挑战的动机。（2）传统和遵从价值观同属一个动机域，在模型中的位置被划入同一部分。其中遵从价值观靠近圆环中心而传统价值观靠近圆环外围，表示传统价值观与对立动机的价值观的冲突程度更大。

施瓦茨的价值观理论经过施瓦茨本人的多次推敲论证，并在多个国家和地区进行过跨文化背景的验证，并且在国外已经有过很久的实证研究应用，能够为本研究对价值观内部结构的诠释提供良好的理论基础。

2. 艾森伯格亲社会行为理论模式

艾森伯格是一位美国儿童心理学家，在 20 世纪 80 年代中期，她在结合了前人研究结果和自己多年研究的基础之上提出了一套亲社会行为的理论模式，对亲社会行为的发生心理机制作出了全面深刻的分析。

在这套理论模式中，艾森伯格将亲社会行为产生的过程分为三大部分：对他人需要的注意阶段、确定助人意图阶段、意图和行为相联系阶段。在对他人需要注意阶段，个体会受到个体因素和个体对特定情境解释两方面的影响。在确定助人意图阶段，艾森伯格认为需要分为两种方式：一种是紧急情况下，一种是非紧急情况下。其中在紧急情况下，情感因素在助人决策过程中起主要作用，在非紧急情况下，认知因素和人格因素起重要作用。

艾森伯格重点强调了确定助人意图阶段人格因素的重要作用，她认为人格因素的主要影响有："'助人'和'仁慈'特质的自我认同，自尊和自我聚焦，个体的价值观、需要和偏好等。"如果一个人认为自己具有仁慈、助人、慷慨等特质，或者自认为是一个利他主义者，那么其亲社会倾向就更强。艾森伯格亲社会行为理论模式中强调了"助人""仁慈"等人格因素和价值观对助人意图确定的重要作用，这为本研究提供了直接的理论依据。

四、文献评述

通过以上的文献回顾，能够发现，价值观对助人意愿的确定以及助人行为具有引领作用，众多研究都表明了亲社会态度对助人意愿和行为的重要作用，如利他主义价值观、社会责任意识和对规范的遵从，同时，性别、年龄、婚姻状况、教育水平、宗教信仰、地域种族等对助人意愿和助人行为具有影响作用。

而对比国内外研究来看，国内关于价值观以及志愿服务的研究相比国外的相关研究整体还不够成熟，具体体现在以下几个方面：

第一，国外关于价值观的理论研究是通过不同时期的学者在前人研究成果上批判继承而来的，大都经过了实际验证，施瓦茨价值观理论还经过了跨文化一致性的实际验证并且该理论广泛应用在国外的实证研究中。而国内关于价值观的研究只是稍微借鉴了并不完善的早期西方理论成果，在此基础上从中国文化背景下进行了相应的本土化，虽然也有学者编制了适合中国国情的价值观量表，但总的来说，我国价值观的研究只是对价值观作出了基本的内容呈现，并未很好地将其应用于实证研究。

第二，国外关于志愿服务的研究一直以实证研究为主。国内关于志愿服务的研究大多数还停留在宏观浅层研究上，虽然出现了深入研究的趋势，但与国外志愿服务的相关研究相比理论视角并不明确，理论基础薄弱，多采用质性研究方法或简单的描述统计分析，完整充实的实证研究较少。

第三，国外相关理论已经证明了价值观与亲社会态度和行为之间的关系，已经将价值观引入志愿服务研究领域中进行过长期讨论。在国内关于志愿服务的研究中以价值观为解释框架的研究十分少见，仅有的一些也是在"社会主义核心价值观”的视角下进行的，而社会主义核心价值观并不能代表普通个体的个人价值观。

五、研究问题与研究假设

基于以上结果，本研究提出这样的研究问题：城市居民的价值观对志愿服务参与意愿具有怎样的影响？基于以上文献中前人的研究以及施瓦茨价值观理论和艾森伯格亲社会行为模式，本研究提出以下研究假设：

假设1：城市居民的博爱价值观与其志愿服务参与意愿呈正相关关系，即博爱价值观得分高的城市居民与博爱价值观得分低的城市居民相比，未来参与志愿服务的可能性更大。

假设2：城市居民的友善价值观与其志愿服务参与意愿呈正相关关系，即友善价值观得分高的城市居民与友善价值观得分低的城市居民相比，未来参与志愿服务的可能性更大。

假设3：城市居民的遵从价值观与其志愿服务参与意愿呈正相关关系，即遵从价值观得分高的城市居民与遵从价值观得分低的城市居民相比，未来参与志愿服务的可能性更大。

假设4：城市居民的刺激价值观与其志愿服务参与意愿呈正相关关系，即刺激价值观得分高的城市居民与刺激价值观得分低的城市居民相比，未来参与志愿服务的可能性更大。

假设5：城市居民的自主价值观与其志愿服务参与意愿呈正相关关系，即自主价值观得分高的城市居民与自主价值观得分低的城市居民相比，未来参与志愿服务的可能性更大。

假设6：城市居民的权力价值观与其志愿服务参与意愿呈负相关关系，即权力价值观得分高的城市居民与权力价值观得分低的城市居民相比，未来参与志愿服务的可能性更小。

假设7：城市居民的成就价值观与其志愿服务参与意愿呈负相关关系，即成就价值观得分高的城市居民与成就价值观得分低的城市居民相比，未来参与志愿服务的可能性更小。

假设8：城市居民的享乐价值观与其志愿服务参与意愿呈负相关关系，即享乐价值观得分高的城市居民与享乐价值观得分低的城市居民相比，未来参与志愿服务的可能性更小。

假设9：城市居民的传统价值观与其志愿服务参与意愿呈现负相关关系，即传统价值观得分高的城市居民与传统价值观得分低的城市居民相比，未来参与志愿服务的可能性更小。

假设10：城市居民的安全价值观与其志愿服务参与意愿呈现负相关关系，即安全价值观得分高的城市居民与安全价值观得分低的城市居民相比，未来参与志愿服务的可能性更小。

第三节　研究设计

一、数据来源及样本特征

本研究所采用的数据来自北京师范大学社会发展与公共政策学院2013年8月至12月在中国27个城市、108个社区通过多阶段分层随机抽样进行的问卷调查数据。其中有效样本包含5352户家庭14210个人。通过多阶段分层随机抽样的方法，第一阶段抽取了27个城市，城市的抽取主要考虑区域分布、人口规模和经济发展水平三个因素。第二阶段在27个城市中各抽取4个社区，分别为老旧社区、商品房社区、单位大院和保障房社区。数据的收集由调查员入户面访。收集到的数据包含了个人基本情况、家庭收入与支出、公益行为与意愿、工作状况以及健康状况等信息，本研究主要用到其中与志愿服务参与意愿有关的数据和一些控制变量，在清理过缺失值后，样本的具体信息如表4－4所示。

表4－4　受访者基本信息（$N=4498$）

变量名	变量类别	频数	比例（%）
性别	男	2247	49.96
	女	2251	50.04

续表

变量名	变量类别	频数	比例（%）
年龄	20 世纪 90 年代	82	1. 82
	20 世纪 80 年代	571	12. 69
	20 世纪 70 年代	1130	25. 12
	20 世纪 60 年代	1168	25. 97
	20 世纪 50 年代	794	17. 65
	1949 年以前	753	16. 74
教育水平	小学及以下	375	8. 34
	初中	1154	25. 66
	高中/职高/技校/中专	1527	33. 95
	大专	484	10. 76
	本科及以上	565	6. 62
户籍	本市非农业	3990	88. 71
	外地非农业	156	3. 47
	本市农业	174	3. 87
	外地农业	178	3. 96
婚姻状况	已婚	3649	81. 12
	离婚	244	5. 42
	丧偶	266	5. 91
	未婚和其他	339	7. 54
政治面貌	中共党员	1067	23. 72
	非党员	3431	76. 28
宗教信仰	有宗教信仰	303	6. 74
	无宗教信仰	4195	93. 26

二、变量及测量

本研究的因变量为志愿服务参与意愿，自变量为价值观（博爱价值观、友善价值观、传统价值观、遵从价值观、安全价值观、权力价值观、成就价值观、享乐价值观、刺激价值观、自主价值观），控制变量包括性别、年龄、婚姻状况、教育水平、户籍类型、政治面貌、家庭人均收入、自评健康状况、互助行为（借钱给邻居和朋友、给邻居和朋友衣物、给予邻居和朋友情感关怀、帮助陌生人、帮助乞讨者)。表4－5给出了本研究变量测量指标的汇总。

1. 因变量

志愿服务参与意愿为本研究的因变量，在问卷中的问题为“您是否愿意参加由社会组织、工作单位、社区、政府以及宗教团体等发起的志愿服务?”测量取值为“是”和“否”，是一个二分变量。

2. 自变量

价值观为本研究的自变量，其测量借助施瓦茨价值观量表这一测量工具，该量表的Cronbach系数为0.935，说明具有良好的信度和效度。该量表包括10种类型的价值观，分别为博爱价值观、友善价值观、传统价值观、遵从价值观、安全价值观、权力价值观、成就价值观、享乐价值观、刺激价值观、自主价值观。博爱价值观包含9个子条目；友善价值观包含9个子条目；传统价值观包含5个子条目；遵从价值观包含5个子条目；安全价值观包含7个子条目；权力价值观包含5个子条目；成就价值观包含6个子条目；享乐价值观包含2个子条目；刺激价值观包含3个子条目；自主价值观包含7个子条目。受访者根据每个条目对其重要程度进行打分，分值范围为1—6分，代表该条目的表述从非常不重要到非常重要。

3. 控制变量

教育水平（0—1型变量）：被访者“目前的最高学历”，将“本科及以上”编码为1，“本科以下”编码为0。

宗教信仰（0—1型变量）：了解被访者的宗教信仰（没有宗教信仰、佛教、基督教、伊斯兰教、道教、其他)，将“佛教、基督教、伊斯兰教、道教、其他”编码为1，将没有宗教信仰编码为0。

家庭人均收入（连续型变量）：由家庭可支配收入/家庭人口数量得到。

自评健康状况：由被访者回答“总体来讲，您的健康状况是?”并将非常好、很好、好合并为“身体健康状况较好”，共有“身体健康状况较好”“一般”“较差”三个维度，以“较差”作为参照组，将“身体健康状况较好”和“一般”代入模型。

互助行为：了解被访者对朋友、邻居、陌生人以及乞讨者提供帮助的频率，问卷中的问题为“在过去一年中，您是否对您的朋友、邻居等提供过以下帮助（借钱给他们、非礼物性质的给衣物、给予情感关怀或精神关怀）?”以及“在过去一年中，您是否对以下人提供过帮助（如给陌生人让座或指路、赠送钱物给乞讨者）”，每种帮助类型单独为一个变量，并将频率划分为三个维度：较多、一般、很少，以很少为参照组，将“较多”和“一般”代入模型。

人口学变量：年龄为连续变量。性别中，男性编码为1，女性编码为0；政治面貌中，中共党员编码为1，非党员编码为0；宗教信仰中，有宗教信仰编码为1，无宗教信仰编码为0；婚姻状况中，包括已婚、离婚、丧偶、未婚和其他四种类型，将未婚和其他作为参照组。

表4－5　变量测量指标汇总表

变量名	类型	测量指标
志愿服务参与意愿	二分变量	您是否愿意参加由社会组织、工作单位、社区、政府以及宗教团体等发起的志愿服务
博爱价值观	连续变量	共包含9个子条目的表述：平等、心情安详（内心平静）、世界和平（没有战争与冲突）、融入大自然、智慧（对人生成熟的理解）、美好的世界（感受大自然和艺术的美）、社会公正、胸怀宽广（能包容不同的思想和信仰）、环境保护
友善价值观	连续变量	共包含9个子条目的表述：精神生活（强调精神而非物质）、人生意义（人生目标）、成熟的爱（情绪和心理均完善发展的爱）、真正的友谊（亲密无间、支持你的朋友）、忠诚（对朋友、集体忠心耿耿）、诚实（真实、诚恳）、乐于助人（热心公益）、有责任感（可信赖，可依靠）、宽宏大量（懂得宽恕别人）
传统价值观	连续变量	共包含5个子条目的表述：尊重传统文化（保留流传已久的文化）、中庸（避免极端的感情行为）、谦虚（虚心不自满，内敛）、接受命运的安排（顺从人生境遇，随遇而安）、虔诚（忠于宗教信仰和信念）
遵从价值观	连续变量	共包含5个子条目的表述：礼貌（有礼节，良好的举止）、自律（自我约束，拒绝诱惑）、敬老（尊重父母与长辈）、服从（不辱使命，尽忠职守）、遵守社会规范（维护面子）
安全价值观	连续变量	共包含7个子条目的表述：归属感（感受到别人对自己的关心）、社会秩序（社会的安定）、国家安全（保护国家免受敌人侵略）、礼尚往来（不欠人情债）、家庭安全（保护自己亲属的安全）、健康（生理和心理上的健康）、清洁（干净、整洁）

续表

变量名	类型	测量指标
权力价值观	连续变量	共包含5个子条目的表述：社会权力（控制与支配他人的权力）、富有（拥有物质和金钱）、社会的认可（得到别人的尊重和承认）、权力（发号施令的权力和地位）、保持自我公众形象（在大众面前保持自己美好的一面）
成就价值观	连续变量	共包含6个子条目的表述：有抱负（有理想、有志向、敬业）、影响力（对人和事务能起作用的力量）、能干（有才能、高效率）、聪明（逻辑思维能力强）、成功（达到目标）、自尊（对自我价值的尊重）
享乐价值观	连续变量	共包含2个子条目的表述：愉快（满足欲望）、享受人生（享受食物、性、闲暇和各种精神生活）
刺激价值观	连续变量	共包含3个子条目的表述：刺激的生活（一些刺激生活经历）、多姿多彩的人生（充满挑战、新奇与变化）、冒险精神（不怕危难、勇于挑战）
自主价值观	连续变量	共包含7个子条目的表述：自由（行动及思想的自由）、创造力（独创性、想象力）、隐私权（拥有属于自己私人空间的权力）、独立（依靠自我、自给自足）、选择自己的目标（选择个人的志向）、好奇心（对万物感兴趣，喜欢探索）、做自己喜欢的事情
性别	分类变量	1男；0女
年龄	连续变量	被访者年龄
教育水平	分类变量	1本科及以上；0本科以下
政治面貌	分类变量	1中共党员；0非党员
宗教信仰	分类变量	1有宗教信仰；0无宗教信仰
婚姻状况	虚拟变量	已婚；离婚；丧偶；未婚和其他（将未婚和其他作为参照组）
户籍类型	虚拟变量	本市非农业；外地非农业；本市农业；外地农业（将外地农业作为参照组）
家庭人均可支配收入	连续变量	去年家庭的可支配收入/家庭规模
自评健康状况	分类变量	健康状况好；一般；较差（将较差作为参照组）
互助行为（包含5种互助行为）	分类变量	较多；一般；很少（以很少为参照组）

三、数据分析

本研究使用Stata15.0软件对数据进行统计分析，采用了Logistic模型。Logistic回归为概率型非线性回归模型，是研究二分类观察结果y与一些影响

因素 x_1，x_2，$\cdots x_n$之间关系的一种多变量分析方法。通常的问题是，研究某些因素条件下某个结果是否发生。考虑具有 N 个独立变量的向量 x_1，x_2，$\cdots x_n$，设条件概率 $P(y=1 \mid x)=p$ 为根据观测量相对于某事件 x 发生的概率。Logistic 回归模型可以表示为：

$$P(y=1 \mid x)=f(x)=\frac{1}{1+e^{-g(x)}}$$

第四节 数据分析结果

一、城市居民志愿服务参与意愿的基本情况

表 4-6 呈现了城市居民 2013 年志愿服务参与意愿的具体情况。在所有样本中，2382 人有参与志愿服务的意愿，占全部样本的 52.96%。在具有志愿服务参与意愿的组内，男性比例为 46.98%，女性比例为 53.02%；在不具有志愿服务参与意愿的组内，男性比例为 53.31%，女性比例为 46.69%。

从年龄段来看，在具有志愿服务参与意愿的组内，20 世纪 90 年代比例为 1.85%，80 年代为 13.77%，70 年代为 25.31%，60 年代为 27.67%，50 年代为 17.38%，1949 年以前的比例为 14.02%，可以看出 60 年代至 70 年代的中年人群在本组内占比较高，50 年代以前的人群也占据相当大的比例；在不具有志愿服务参与意愿的组内，90 年代比例为 1.80%，80 年代为 11.48%，70 年代为 24.91%，60 年代为 24.05%，50 年代为 17.96%，1949 年以前的比例为 19.80%。

从户籍类型来看，在具有志愿服务参与意愿的组内，本地非农业户籍比例为 92.19%，外地非农业户籍比例为 3.32%，本市农业为 2.06%，外地农业为 2.43%，可以看出本地非农业户籍在本组内占比最高；在不具有志愿服务参与意愿的组内，本地非农业户籍比例为 84.78%，外地非农业户籍比例为 3.64%，本市农业为 5.91%，外地农业为 5.67%。

从教育水平来看，在具有志愿服务参与意愿的组内，本科以上学历比例

为17.21%，本科以下学历比例为82.79%；在不具有志愿服务参与意愿的组内，本科以上学历比例为7.33%，本科以下学历比例为92.67%。两组对比可以看出，具有志愿服务参与意愿组内本科以上学历的比例明显高于不具有志愿服务参与意愿组。

从婚姻状况来看，在具有志愿服务参与意愿的组内，已婚比例为83.17%，离婚比例为5.00%，丧偶比例为3.69%，未婚和其他比例为8.14%；在不具有志愿服务参与意愿的组内，已婚比例为78.83%，离婚比例为5.91%，丧偶比例为8.41%，未婚和其他比例为6.85%。

从政治面貌来看，在具有志愿服务参与意愿的组内，中共党员占比31.28%，非党员占比68.72%；在不具有志愿服务参与意愿的组内，中共党员占比15.22%，非党员占比84.78%。两组对比可以看出，具有志愿服务参与意愿组内中共党员的比例明显高于不具有志愿服务参与意愿组。

从宗教信仰来看，在具有志愿服务参与意愿的组内，有宗教信仰的占比8.35%，不具有宗教信仰的占比91.65%；在不具有志愿服务参与意愿的组内，有宗教信仰的占比4.91%，不具有宗教信仰的占比95.09%。两组对比可以看出，具有志愿服务参与意愿组内有宗教信仰的比例高于不具有志愿服务参与意愿组。

从健康状况来看，在具有志愿服务参与意愿组内，自评健康状况好的占比70.61%，一般的占比26.15%，较差的占比3.23%；在不具有志愿服务参与意愿的组内，自评健康状况好的占比65.08%，一般的占比28.73%，较差的占比6.19%。两组对比可以看出，具有志愿服务参与意愿组自评健康状况好的比例高于不具有志愿服务参与意愿组。

从互助行为来看，在具有志愿服务参与意愿组内，经常借钱给邻居朋友的占比10.20%，一般的占比27.50%，很少的占比62.30%；经常给邻居朋友衣物的占比14.36%，一般的占比26.78%，很少的占比58.86%；经常给予邻居朋友情感精神支持的占比52.60%，一般的占比30.10%，很少的占比17.30%；经常帮助陌生人的占比55.29%，一般的占比25.36%，很少的占比19.35%；经常帮助乞讨者的占比21.24%，一般的占比29.89%，很少的占比48.87%。在不具有志愿服务参与意愿的组内，经常借钱给邻居朋友的占比3.78%，一般的占比19.00%，很少的占比77.22%；经常给邻居朋友衣物的占比 6.00%，一般的占比 21.79%，很少的占比 72.21%；经常给予邻居朋友情感精神支持的占比 31.29%，一般的占比 33.03%，很少的占比 35.68%；经常帮助陌生人的占比 33.13%，一般的占比 31.24%，很少的占比 35.63%；经常帮助乞讨者的占比 9.36%，一般的占比 25.71%，很少的占比 64.93%。两组对比可以看出，具有志愿服务参与意愿组经常发生互助行为的比例高于不具有志愿服务参与意愿组。

表 4－6　城市居民志愿服务参与意愿的基本情况

变量名称	指标	是（%）	否（%）	χ^2
性别	男	1119（46.98）	1128（53.31）	17.97***
	女	1263（53.02）	988（46.69）	
年龄	20 世纪 90 年代	44（1.85）	38（1.80）	32.90***
	20 世纪 80 年代	328（13.77）	243（11.48）	
	20 世纪 70 年代	603（25.31）	527（24.91）	
	20 世纪 60 年代	659（27.67）	509（24.05）	
	20 世纪 50 年代	414（17.38）	380（17.96）	
	1949 年以前	334（14.02）	419（19.80）	
户籍类型	本市非农业	2196（92.19）	1794（84.78）	79.87***
	外地非农业	79（3.32）	77（3.64）	
	本市农业	49（2.06）	125（5.91）	
	外地农业	58（2.43）	120（5.67）	
教育水平	本科以上	410（17.21）	155（7.33）	99.74***
	本科以下	1972（82.79）	1961（92.67）	
婚姻状况	已婚	1981（83.17）	1668（78.83）	48.97***
	离婚	119（5.00）	125（5.91）	
	丧偶	88（3.69）	178（8.41）	
	未婚和其他	194（8.14）	145（6.85）	
政治面貌	中共党员	745（31.28）	322（15.22）	159.70***
	非党员	1637（68.72）	1794（84.78）	
宗教信仰	有	199（8.35）	104（4.91）	21.10***
	无	2183（91.65）	2012（95.09）	

续表

变量名称	指标	是（%）	否（%）	$\chi2$
健康状况	好	1682（70.61）	1377（65.08）	28.98***
	一般	623（26.15）	608（28.73）	
	较差	77（3.23）	131（6.19）	
互助行为				
借钱	经常	243（10.20）	1634（3.78）	134.77***
	一般	655（27.50）	402（19.00）	
	很少	1484（62.30）	80（77.22）	
给衣物	经常	342（14.36）	127（6.00）	117.17***
	一般	638（26.78）	461（21.79）	
	很少	1402（58.86）	1528（72.21）	
情感精神支持	经常	412（52.60）	662（31.29）	268.64***
	一般	717（30.10）	699（33.03）	
	很少	412（17.30）	755（35.68）	
陌生人	经常	1317（55.2）9	701（33.13）	246.39***
	一般	604（25.36）	661（31.24）	
	很少	461（19.35）	754（35.63）	
乞讨者	经常	506（21.24）	198（9.36）	159.42***
	一般	712（29.89）	544（25.71）	
	很少	1164（48.87）	1374（64.93）	

注：* $p<0.1$，** $p<0.05$，*** $p<0.01$。

二、城市居民的价值观分布情况

1. 城市居民价值观基本分布情况

表4－7呈现了城市居民基本价值观的平均得分情况，由于每项价值观所包含的条目数量不尽相同，所以价值观的平均得分采用项目均分的方法求得。其中，博爱价值观的平均得分为5.01；友善价值观的平均得分为4.99；遵从价值观的平均得分为5.09；传统价值观的平均得分为4.61；安全价值观的平均得分为5.24；权力价值观的平均得分为4.61；成就价值观的平均得分为5.92；享乐价值观的平均得分为4.93；刺激价值观的平均得分为4.09；自主价值观的平均得分为4.32。

表 4－7　城市居民基本价值观的基本分布情况

价值观	均值	价值观	均值
博爱	5.01	权力	4.61
友善	4.99	成就	5.92
遵从	5.09	享乐	4.93
传统	4.61	刺激	4.09
安全	5.24	自主	4.32

表 4－8 呈现了城市居民基本价值观在具体问题条目上的平均得分情况。

表 4－8　城市居民基本价值观的基本分布情况

价值观	条目	均值	标准差
博爱	平等	5.21	1.06
	心情安详	5.18	0.99
	世界和平	5.13	1.07
	融入大自然	4.77	1.13
	智慧	4.79	1.13
	美好的世界	4.87	1.09
	社会公正	5.16	0.96
	胸怀宽广	4.99	1.01
	环境保护	4.99	1.05
友善	精神生活	4.99	1.04
	人生意义	4.72	1.21
	成熟的爱	4.80	1.15
	真正的友谊	5.10	0.99
	忠诚	5.05	0.98
	诚实	5.22	0.91
	乐于助人	4.96	1.03
	有责任感	5.05	1.00
	宽宏大量	5.05	0.95
遵从	礼貌	5.08	0.98
	自律	4.99	1.06
	敬老	5.62	0.70
	服从	4.73	1.10
	遵守社会规范	5.03	1.01

续表

价值观	条目	均值	标准差
传统	尊重传统文化	4.94	1.08
	中庸	4.56	1.21
	谦虚	4.92	1.02
	接受命运的安排	4.44	1.24
	虔诚	4.21	1.48
安全	归属感	4.98	1.04
	社会秩序	5.16	1.05
	国家安全	5.29	0.97
	礼尚往来	4.95	1.03
	家庭安全	5.56	0.78
	健康	5.59	0.73
	清洁	5.13	0.92
权力	社会权力	4.17	1.46
	富有	4.69	1.19
	社会的认可	5.14	0.99
	权力	4.11	1.47
	保持自我公众形象	4.95	1.04
享乐	愉快	5.00	1.10
	享受人生	4.85	1.16
刺激	刺激的生活	3.53	1.56
	多姿多彩的人生	4.56	1.23
	冒险精神	4.19	1.40
自主	自由	5.11	1.02
	创造力	4.46	1.29
	隐私权	5.37	0.95
	独立	5.00	1.02
	选择自己的目标	5.13	1.02
	好奇心	4.35	1.30
	做自己喜欢的事	5.16	0.93

2. 价值观与志愿服务参与意愿的差异检验

表4－9呈现了有志愿服务参与意愿和无志愿服务参与意愿两组间的价值

观的分布情况以及差异检验情况：有志愿服务参与意愿组的10种价值观平均得分均高于无志愿服务参与意愿组，10种价值观在两组之间的差异具有统计学意义。

10种价值观的具体情况如下：

在博爱价值观上，有志愿服务参与意愿组的博爱价值观均值为46.54，无志愿服务参与意愿的博爱价值观均值为43.49，经独立样本 t 检验，$t = 14.91$，$p = 0.0000 < 0.01$，具有统计学意义。

在友善价值观上，有志愿服务参与意愿组的友善价值观平均得分为46.41，无志愿服务参与意愿组的友善价值观平均得分为43.31，经独立样本 t 检验，$t = 15.63$，$p = 0.0000 < 0.01$，具有统计学意义。

在遵从价值观上，有志愿服务参与意愿组的遵从价值观平均得分为26.19，无志愿服务参与意愿组的遵从价值观平均得分为24.60，经独立样本 t 检验，$t = 15.26$，$p = 0.0000 < 0.01$，具有统计学意义。

在传统价值观上，有志愿服务参与意愿组的传统价值观平均得分为23.71，无志愿服务参与意愿组的传统价值观平均得分为22.35，经独立样本 t 检验，$t = 10.66$，$p = 0.0000 < 0.01$，具有统计学意义。

在安全价值观上，有志愿服务参与意愿组的安全价值观平均得分为37.57，无志愿服务参与意愿组的安全价值观平均得分为35.64，经独立样本 t 检验，$t = 13.95$，$p = 0.0000 < 0.01$，具有统计学意义。

在权力价值观上，有志愿服务参与意愿组的权力价值观平均得分为23.24，无志愿服务参与意愿组的权力价值观平均得分为22.87，经独立样本 t 检验，$t = 2.02$，$p = 0.0430 < 0.05$，具有统计学意义。

在成就价值观上，有志愿服务参与意愿组的成就价值观平均得分为30.43，无志愿服务参与意愿组的成就价值观平均得分为28.62，经独立样本 t 检验，$t = 12.44$，$p = 0.0000 < 0.01$，具有统计学意义。

在享乐价值观上，有志愿服务参与意愿组的享乐价值观平均得分为9.97，无志愿服务参与意愿组的享乐价值观平均得分为9.71，经独立样本 t 检验，$t = 4.69$，$p = 0.0000 < 0.01$，具有统计学意义。

在刺激价值观上，有志愿服务参与意愿组的刺激价值观平均得分为

12.55，无志愿服务参与意愿组的刺激价值观平均得分为11.97，经独立样本 t 检验，$t=5.70$，$p=0.0009<0.01$，具有统计学意义。

在自主价值观上，有志愿服务参与意愿组的自主价值观平均得分为35.46，无志愿服务参与意愿组的自主价值观平均得分为33.61，经独立样本 t 检验，$t=11.85$，$p=0.0000<0.01$，具有统计学意义。

表4－9　价值观与志愿服务参与意愿的差异检验

	有意愿		无意愿		t
	均值	标准差	均值	标准差	
博爱	46.54	6.55	43.49	7.13	14.91***
友善	46.41	6.38	43.31	6.94	15.63***
遵从	26.19	3.33	24.60	3.66	15.26***
传统	23.71	4.21	22.35	4.33	10.66***
安全	37.57	4.35	35.64	4.94	13.95***
权力	23.24	4.41	22.87	4.30	2.83***
成就	30.43	4.60	28.62	5.16	12.44***
享乐	9.97	1.87	9.71	1.86	4.69***
刺激	12.55	3.41	11.97	3.28	5.70***
自主	35.46	5.05	33.61	5.45	11.85***

注：* $p<0.1$，** $p<0.05$，*** $p<0.01$。

3. 价值观与不同年龄段的差异检验

表4－10呈现了不同年龄段价值观的分布情况，总的来说，10种价值观的平均得分大多数随着年龄的增长呈逐渐下降趋势。有7种价值观（友善、遵从、传统、权力、享乐、刺激、自主）的最高平均得分集中在90年代这一年龄段，有两种价值观（博爱、成就）的最高平均得分在80年代这一年龄段。需要特别注意的是，在安全价值观上，自60年代以后，安全价值观得分随着年龄的增长又逐步上升，1949年以前这一年龄段的安全价值观的平均得分成为所有年龄段的最高平均得分。除博爱价值观、友善价值观、遵从价值观、传统价值观、安全价值观和享乐价值观外，其余4种价值观在6个年龄段之间存在差异。10种价值观在不同年龄段的具体情况如下：

在博爱价值观上，90年代平均得分为45.49；80年代平均得分为45.62；

70 年代平均得分为 45. 01；60 年代平均得分为 45. 12；50 年代平均得分为 44. 68；1949 年以前出生的平均得分为 45. 25。经多独立样本检验 $p = 0.1985 > 0.1$。

在友善价值观上，90 年代平均得分为 46. 12；80 年代平均得分为 45. 75；70 年代平均得分为 45. 11；60 年代平均得分为 44. 86；50 年代平均得分为 44. 56；1949 年以前出生的平均得分为 44. 53。经多独立样本检验 $p = 0.0142 > 0.01$。

在遵从价值观上，90 年代平均得分为 25. 90；80 年代平均得分为 25. 57；70 年代平均得分为 25. 36；60 年代平均得分为 25. 44；50 年代平均得分为 25. 44；1949 年以前出生的平均得分为 25. 41。经多独立样本检验 $p = 0.6588 > 0.1$。

在传统价值观上，90 年代平均得分为 23. 82；80 年代平均得分为 23. 29；70 年代平均得分为 22. 94；60 年代平均得分为 23. 12；50 年代平均得分为 22. 94；1949 年以前出生的平均得分为 22. 98。经多独立样本检验 $p = 0.1391 > 0.1$。

在安全价值观上，90 年代平均得分为 36. 89；80 年代平均得分为 36. 69；70 年代平均得分为 36. 52；60 年代平均得分为 36. 61；50 年代平均得分为 36. 65；1949 年以前出生的平均得分为 36. 95。经多独立样本检验 $p = 0.2745 > 0.1$。

在权力价值观上，90 年代平均得分为 24. 11；80 年代平均得分为 23. 78；70 年代平均得分为 23. 20；60 年代平均得分为 23. 17；50 年代平均得分为 22. 70；1949 年以前出生的平均得分为 22. 45。经多独立样本检验 $p = 0.0001 < 0.01$。

在成就价值观上，90 年代平均得分为 30. 37；80 年代平均得分为 30. 45；70 年代平均得分为 30. 01；60 年代平均得分为 29. 57；50 年代平均得分为 29. 10；1949 年以前出生的平均得分为 28. 69。经多独立样本检验 $p = 0.0001 < 0.01$。

在享乐价值观上，90 年代平均得分为 10. 14；80 年代平均得分为 10. 05；70 年代平均得分为 9. 90；60 年代平均得分为 9. 75；50 年代平均得分为 9. 80；1949 年以前出生的平均得分为 9. 79。经多独立样本检验 $p = 0.0147 > 0.01$。

在刺激价值观上，90 年代平均得分为 13. 80；80 年代平均得分为 13. 40；70 年代平均得分为 12. 75；60 年代平均得分为 12. 28；50 年代平均得分为 11. 60；

1949 年以前出生的平均得分为 11.26。经多独立样本检验 $p=0.0001<0.01$。

在自主价值观上，90 年代平均得分为 35.95；80 年代平均得分为 35.72；70 年代平均得分为 35.06；60 年代平均得分为 34.67；50 年代平均得分为 33.91；1949 年以前出生的平均得分为 33.47。经多独立样本检验 $p=0.0001<0.01$。

表 4－10　不同年龄段价值观的差异检验

	20 世纪 90 年代	20 世纪 80 年代	20 世纪 70 年代	20 世纪 60 年代	20 世纪 50 年代	1949 年以前
	M（SD）	M（SD）	M（SD）	M（SD）	M（SD）	M（SD）
博爱	45.49 (6.57)	45.62 (6.62)	45.01 (6.68)	45.12 (7.09)	44.68 (7.31)	45.25 (7.28)
友善	46.12 (5.92)	45.75 (6.48)	45.11 (6.44)	44.86 (6.93)	44.56 (7.02)	44.53 (7.29)
遵从	25.90 (3.37)	25.57 (3.52)	25.36 (3.48)	25.44 (3.58)	25.44 (3.59)	25.41 (3.77)
传统	23.82 (4.24)	23.29 (4.27)	22.94 (4.21)	23.12 (4.18)	22.94 (4.48)	22.98 (4.56)
安全	36.89 (4.27)	36.69 (4.71)	36.52 (4.64)	36.61 (4.95)	36.65 (4.67)	36.95 (4.67)
权力***	24.11 (4.08)	23.78 (4.14)	23.20 (4.14)	23.17 (4.27)	22.70 (4.45)	22.45 (4.81)
成就***	30.37 (4.16)	30.45 (4.47)	30.01 (4.40)	29.57 (4.79)	29.10 (5.17)	28.69 (5.91)
享乐	10.14 (1.73)	10.05 (1.83)	9.90 (1.77)	9.75 (1.89)	9.80 (1.88)	9.79 (2.00)
刺激***	13.80 (2.80)	13.40 (2.93)	12.75 (3.08)	12.28 (3.10)	11.60 (3.49)	11.26 (3.90)
自主***	35.95 (4.50)	35.72 (4.84)	35.06 (4.85)	34.67 (5.20)	33.91 (5.63)	33.47 (5.97)

注：* $p<0.1$，** $p<0.05$，*** $p<0.01$。

三、变量间的相关分析

1. 人口学变量与志愿服务参与意愿的相关分析

表 4－11　人口学变量与志愿服务参与意愿的卡方检验

变量	指标	频数	百分比（%）	卡方值
性别	男	2247	49.96	17.965***
	女	2251	50.04	

续表

变量	指标	频数	百分比（%）	卡方值
年龄	20世纪90年代	82	1.82	32.903***
	20世纪80年代	571	12.69	
	20世纪70年代	1130	25.12	
	20世纪60年代	1168	25.97	
	20世纪50年代	794	17.65	
	1949年以前	753	16.74	
教育水平	本科以上	662	12.66	99.738***
	本科以下	4569	87.34	
政治面貌	中共党员	1067	23.72	159.706***
	非党员	3431	76.28	
宗教信仰	有宗教信仰	303	6.74	21.099***
	无宗教信仰	4195	93.26	
婚姻状况	已婚	3649	81.12	48.970***
	离婚	244	5.42	
	丧偶	266	5.91	
	未婚和其他	339	7.54	
户籍类型	本市非农业	3990	88.71	79.868***
	外地非农业	156	3.47	
	本市农业	174	3.87	
	外地农业	178	3.96	
健康状况	好	3059	68.01	28.983***
	一般	1231	27.37	
	较差	208	4.62	

注：* $p<0.1$，** $p<0.05$，*** $p<0.01$，此处年龄为年龄段，并非连续变量。

表4-11反映了人口学变量与志愿服务参与意愿的相关性，经卡方检验后，性别、年龄、教育水平、政治面貌、宗教信仰、婚姻状况、户籍类型、健康状况的显著性均小于0.01，说明性别、年龄、教育水平、政治面貌、宗教信仰、婚姻状况、户籍类型、健康状况与志愿服务参与意愿相关。

2. 互助行为与志愿服务参与意愿的相关分析

表4－12　互助行为与志愿服务参与意愿的相关分析

变量	指标	频数	比例（%）	卡方值
借钱	很少	3118	69.32	134.771***
	一般	1057	23.50	
	较多	323	7.18	
给衣物	很少	2930	65.14	117.165***
	一般	1099	24.43	
	较多	469	10.43	
情感精神关怀	很少	1167	25.94	268.643***
	一般	1416	31.48	
	较多	1915	42.57	
帮助陌生人	很少	1215	27.01	246.393***
	一般	1265	28.12	
	较多	2018	44.86	
帮助乞讨者	很少	2538	56.43	159.424***
	一般	1256	27.92	
	较多	704	15.65	

注：* $p<0.1$，** $p<0.05$，*** $p<0.01$。

表4－12反映了互助行为与志愿服务参与意愿的相关性，经卡方检验后，借钱给邻居朋友、给衣物、给予情感精神关怀、帮助陌生人、帮助乞讨者的显著性均小于0.01，借钱给邻居朋友、给衣物、给予情感精神关怀、帮助陌生人、帮助乞讨者这几种互助行为与志愿服务参与意愿相关。

3. 年龄和收入与志愿服务参与意愿的相关分析

表4－13　年龄和收入与志愿服务参与意愿的相关分析

	意愿	年龄	家庭人均收入
意愿	1.0000		
年龄	－0.0693	1.0000	
家庭人均收入	0.0179	－0.0138	1.0000

表4－13反映了两个连续变量：年龄和收入与志愿服务参与意愿的相关

分析，可以发现，年龄与志愿服务参与意愿呈负相关，家庭人均收入与志愿服务参与意愿呈正相关，年龄与家庭人均收入呈负相关。

4. 价值观与志愿服务参与意愿的相关分析

表 4－14　价值观与志愿服务参与意愿的相关性分析

变量	博爱	友善	遵从	传统	安全	权力	成就	享乐	刺激	自主
博爱	1.0000									
友善	0.8632	1.0000								
遵从	0.7926	0.8571	1.0000							
传统	0.7362	0.7678	0.7349	1.0000						
安全	0.7982	0.8145	0.7919	0.6125	1.0000					
权力	0.6078	0.6151	0.5897	0.6443	0.5303	1.0000				
成就	0.8036	0.8532	0.8180	0.7586	0.7360	0.6786	1.0000			
享乐	0.6086	0.6536	0.5913	0.5644	0.5988	0.6076	0.6296	1.0000		
刺激	0.5379	0.5415	0.4761	0.6204	0.3634	0.6523	0.6212	0.4347	1.0000	
自主	0.8067	0.8454	0.7984	0.7442	0.7475	0.6759	0.8620	0.6590	0.6425	1.0000
意愿	0.2258	0.2348	0.2290	0.1619	0.2198	0.0418	0.1795	0.0783	0.0894	0.1757

由于价值观具有相容维度的划分，所以需要检查 10 种价值观内部的相关性，以为后面的回归分析排除混杂因素。结果如表 4－14 所示，10 种价值观之间具有高度的相关性，所以在做回归分析之前，要对价值观变量检查多重共线性，通过将 10 种价值观作为自变量，志愿服务参与意愿作为因变量构建多元回归模型，并检验此模型的方差膨胀因子后发现：Mean VIF＝4.56，小于合理值 10，具体检查各变量的 VIF 值，未发现大于合理值 10 的自变量，所以 10 种价值观之间不存在多重共线性。

四、城市居民的价值观和志愿服务参与意愿的 Logistic 回归分析

由于本研究的因变量是二分类变量，所以将采用 Logistic 模型进行回归分析，共构建两个回归模型：模型 1 将人口学变量及其他控制变量代入模型，模型 2 将在自变量中加入 10 种价值观变量。模型中变量的具体信息如表 4－15 所示。

表 4-15 Logistic 模型选用变量描述统计表

变量	类型	频数/比例（%）/均值	最小值	最大值
自变量				
价值观	博爱		9	54
	友善		9	54
	遵从		7	30
	传统		5	30
	安全		9	42
	权力		5	30
	成就		6	36
	享乐		2	12
	刺激		3	18
	自主		8	42
控制变量				
性别		男 2247（49.96） 女 2251（50.04）		
年龄		48.55（14.40）	18	93
户籍类型		本市非农业 3990（88.71） 外地非农业 156（3.47） 本市农业 174（3.87） 外地农业 178（3.96）		
教育水平		本科以上 662（12.66） 本科以下 4569（87.34）		
婚姻状况		已婚 3649（81.12） 离婚 244（5.42） 丧偶 266（5.91） 未婚和其他 339（7.54）		
政治面貌		中共党员 1067（23.72） 非党员 3431（76.28）		
宗教信仰		有宗教信仰 303（6.74） 无宗教信仰 4195（93.26）		
健康状况		好 3059（68.01） 一般 1231（27.37） 较差 208（4.62）		
家庭人均收入		2.44（2.35）	0.13	74
互助行为				

续表

变量	类型	频数/比例（%）/均值	最小值	最大值
	借钱	很少 3118（69.32） 一般 1057（23.50） 较多 323（7.18）		
	给衣物	很少 2930（65.14） 一般 1099（24.43） 较多 469（10.43）		
	情感精神关怀	很少 1167（25.94） 一般 1416（31.48） 较多 1915（42.57）		
	帮助陌生人	很少 1215（27.01） 一般 1265（28.12） 较多 2018（44.86）		
	帮助乞讨者	很少 2538（56.43） 一般 1256（27.92） 较多 704（15.65）		

注：家庭人均收入单位为万元。

表 4-16 价值观与志愿服务参与意愿的 Logistic 回归结果

变量	模型 1			模型 2		
	系数	标准误差	Odds ratio	系数	标准误差	Odds ratio
自变量						
价值观						
博爱				0.039***	0.012	1.040
友善				0.026**	0.014	1.027
遵从				0.086***	0.024	1.090
传统				0.006	0.014	1.006
安全				0.027	0.015	1.027
权力				-0.069***	0.012	0.933
成就				-0.009	0.016	0.991
享乐				-0.095***	0.024	0.910
刺激				0.013	0.016	1.013
自主				-0.032**	0.015	0.969
控制变量						
性别	-0.320***	0.049	0.726	-0.274***	0.053	0.760

续表

变量	模型1			模型2		
	系数	标准误差	Odds ratio	系数	标准误差	Odds ratio
年龄	-0.038	0.029	0.963	-0.079**	0.029	0.924
户籍类型						
本市非农业	0.672***	0.346	1.958	0.634***	0.337	1.884
外地非农业	0.390	0.357	1.477	0.323	0.339	1.381
本市农业	-0.611**	0.134	0.543	-0.666***	0.130	0.514
教育水平	0.559***	0.198	1.749	0.482***	0.186	1.612
婚姻状况						
已婚	-0.065	0.127	0.937	-0.036	0.133	0.964
离婚	-0.141	0.165	0.868	-0.105	0.175	0.901
丧偶	-0.706***	0.102	0.493	-0.652***	0.110	0.521
政治面貌	0.745***	0.177	2.107	0.682***	0.170	1.978
宗教信仰	0.444***	0.213	1.559	0.359***	0.201	1.433
家庭人均收入	-0.266	0.029	0.972	-0.026	0.030	0.974
自评健康状况						
健康	0.208	0.204	1.231	0.268	0.225	1.307
一般	0.163*	0.198	1.177	0.193	0.211	1.213
互助行为						
借钱						
一般	0.317***	0.117	1.373	0.340***	0.123	1.405
较多	0.489***	0.256	1.631	0.468***	0.256	1.597
给衣物						
一般	-0.036	0.082	0.965	0.036	0.090	1.037
较多	0.218	0.164	1.244	0.222	0.168	1.249
情感精神关怀						
一般	0.372***	0.131	1.450	0.319***	0.128	1.376
较多	0.703***	0.187	2.020	0.563***	0.169	1.755
帮助陌生人						
一般	0.055	0.101	1.057	0.087	0.107	1.091
较多	0.503***	0.153	1.654	0.420***	0.145	1.523
帮助乞讨者						
一般	0.174**	0.096	1.190	0.147	0.097	1.159

续表

变量	模型 1			模型 2		
	系数	标准误差	Odds ratio	系数	标准误差	Odds ratio
较多	0.457 ***	0.171	1.579	0.444 ***	0.174	1.558
常数项	0.256			0.026		
观察值数量	4498			4498		
伪 R^2	0.1182			0.1507		
x^2	734.90			937.27		
显著性 prob > x	0.0000			0.0000		
似然值 Log likelihood	-2742.4548			-2641.272		

注：* $p<0.1$，** $p<0.05$，*** $p<0.01$。

在模型 1 中，选取了性别、年龄、户籍类型、教育水平、婚姻状况、政治面貌、宗教信仰、家庭人均可支配收入、自评身体健康状况、几种对亲友邻里以及陌生人的互助行为（借钱、给衣物、情感精神关怀、帮助陌生人、帮助乞讨者）作为自变量代入 Logistic 回归模型中。

表4-16 给出了价值观和志愿服务参与意愿的 Logistic 回归结果。从 Logitic 模型 1 的回归结果中可以看出，对城市居民志愿服务参与意愿有显著影响的变量为性别、户籍类型（本市非农业、本市农业）、教育水平、婚姻状况（丧偶）、政治面貌、宗教信仰、互助行为，而年龄在模型 1 的样本中并不显著。经统计分析，以下对因变量有显著影响的自变量在模型中的系数符号为正，说明这些自变量和被访者的志愿服务参与意愿有显著的正向关系。另外各变量的优势比表示的是在其他自变量保持不变的条件下，被观测自变量每增加 1 个单位时 $y=1$ 的发生比的变化倍数。由此对这些自变量的解释如下：(1) 在户籍类型上，本市非农业的优势比为 1.958，说明户籍类型为本市非农业的城市居民未来参与志愿服务的可能性是户籍类型为外地农业的城市居民的 1.958 倍。(2) 在教育水平上，教育水平的优势比为 1.749，说明与教育水平为本科以下的城市居民相比，教育水平为本科以上的城市居民未来参与志愿服务的可能性是教育水平为本科以下的城市居民的 1.749 倍。(3) 在政治面貌上，政治面貌的优势比为 2.107，说明与非党员相比，政治面貌为中共党员的城市居民未来参与志愿服务的可能性是非党员的 2.107 倍。(4) 在

宗教信仰上，宗教信仰的优势比为1.559，说明与没有宗教信仰的城市居民相比，有宗教信仰的城市居民未来参与志愿服务的可能性是没有宗教信仰的城市居民的1.559倍。（5）在互助行为上：①较多向邻里朋友借钱的优势比为1.631，说明与很少借钱给邻里朋友的城市居民相比，较多借钱给邻里朋友的城市居民未来参与志愿服务的可能性是很少借钱给邻里朋友的城市居民的1.631倍；一般（不是很经常）借钱给邻里朋友的优势比为1.373，说明与很少借钱给邻里朋友的城市居民相比，一般（不是很经常）借钱给邻里朋友的城市居民未来参与志愿服务的可能性是很少借钱给邻里朋友的城市居民的1.373倍。②经常给予邻里朋友情感精神关怀的优势比为2.020，说明与很少给予邻里朋友情感精神关怀的城市居民相比，经常给予邻里朋友情感精神关怀的城市居民未来参与志愿服务的可能性是很少给予邻里朋友情感精神关怀的城市居民的2.020倍；一般（不是很经常）给予邻里朋友情感精神关怀的优势比为1.450，说明与很少给予邻里朋友情感精神关怀的城市居民相比，一般（不是很经常）向邻里朋友给予情感精神关怀的城市居民未来参与志愿服务的可能性是很少给予邻里朋友情感精神关怀的城市居民的1.450倍。③经常帮助陌生人优势比为1.654，说明与很少帮助陌生人的城市居民相比，经常帮助陌生人的城市居民未来参与志愿服务的可能性是很少帮助陌生人的城市居民的1.654倍。④经常帮助乞讨者的优势比为1.579，说明与很少帮助乞讨者的城市居民相比，一般（不是很经常）帮助乞讨者的城市居民未来参与志愿服务的可能性是很少帮助乞讨者的城市居民的1.579倍；一般（不是很经常）帮助乞讨者的优势比为1.190，说明与很少帮助乞讨者的城市居民相比，一般（不是很经常）帮助乞讨者的城市居民未来参与志愿服务的可能性是很少帮助乞讨者的城市居民的1.190倍。

经统计，以下对因变量有显著影响的自变量在模型中的系数符号为负，说明这些自变量与被访者的志愿服务参与意愿呈显著的负相关关系。对这些自变量的解释如下：（1）在性别上，性别的优势比为0.726，说明与女性相比，男性未来参与志愿服务的可能性是女性的0.726倍。（2）在户籍类型上，户籍类型为本市农业的优势比为0.543，说明与户籍类型为外地农业的城市居民相比，户籍类型为本市农业的城市居民未来参与志愿服务的可能性是户籍类型为外地农业的城市居民的 0.543 倍。(3) 在婚姻状况上，婚姻状况为丧偶的优势比为 0.493，说明与婚姻状况为未婚或其他的城市居民相比，婚姻状况为丧偶的城市居民未来参与志愿服务的可能性是婚姻状况为未婚或其他的城市居民的 0.493 倍。

模型 2 中，在模型 1 的基础之上加入了价值观变量（博爱价值观、友善价值观、传统价值观、遵从价值观、安全价值观、权力价值观、成就价值观、享乐价值观、刺激价值观、自主价值观），并与其他控制变量一并代入 Logistic 回归模型中，模型 2 的显著性 $prob > x^2 = 0.0000$，说明模型整体检验显著，判定系数为 0.1589，与模型 1 相比，模型 2 的解释力度显著提升。

从 Logistic 模型 2 的回归结果中可以看出：对城市居民志愿服务参与意愿有显著影响的变量为博爱价值观、友善价值观、遵从价值观、权力价值观、享乐价值观、自主价值观；在控制变量上，性别、年龄、户籍类型（本市非农业、本市农业）、教育水平、婚姻状况（丧偶）、政治面貌、宗教信仰、互助行为对被访者志愿服务参与意愿有显著影响。经统计分析，以下对因变量有显著影响的自变量在模型中的系数符号为正，说明这些自变量与被访者的志愿服务参与意愿有显著的正向关系。对这些自变量的解释如下：(1) 价值观：博爱价值观的优势比为 1.040，说明博爱价值观的得分每增加一分，城市居民未来参与志愿服务的可能性是原来的 1.040 倍；友善价值观的优势比为 1.027，说明友善价值观的得分每增加一分，城市居民未来参与志愿服务的可能性是原来的 1.027 倍；遵从价值观的优势比为 1.090，说明遵从价值观的得分每增加一分，城市居民未来参与志愿服务的可能性是原来的 1.090 倍。(2) 在户籍类型上，本市非农业户口的优势比为 1.884，说明与户籍类型为外地农业的城市居民相比，户籍类型为本市非农业户口的城市居民未来参与志愿服务的可能性是户籍类型为外地农业城市居民的 1.884 倍。(3) 在教育水平上，优势比为 1.612，说明与教育水平为本科以下的城市居民相比，教育水平为本科及其以上的城市居民未来参与志愿服务的可能性是教育水平为本科以下城市居民的 1.612 倍。(4) 在政治面貌上，政治面貌为中共党员的优势比为 1.978，说明与政治面貌为非党员的城市居民相比，政治面貌为中共党员的城市居民未来参与志愿服务的可能性是政治面貌为非党员城市居民的

1.978倍。（5）在宗教信仰上，宗教信仰的优势比为1.433，说明与没有宗教信仰的城市居民相比，有宗教信仰的城市居民未来参与志愿服务的可能性是没有宗教信仰的城市居民的1.433倍。（6）在互助行为上：①一般（不是很经常）借钱给邻里朋友的优势比为1.405，说明与很少借钱给邻里朋友的城市居民相比，一般（不是很经常）借钱给邻里朋友的城市居民未来参与志愿服务的可能性是很少借钱给邻里朋友的城市居民的1.405倍；较多借钱给邻里朋友的优势比为1.597，说明与很少借钱给邻里朋友的城市居民相比，较多借钱给邻里朋友的城市居民未来参与志愿服务的可能性是很少借钱给邻里朋友的城市居民的1.597倍。②经常给予邻里朋友情感精神关怀的优势比为1.755，说明与很少给予邻里朋友情感精神关怀的城市居民相比，经常给予邻里朋友情感精神关怀的城市居民未来参与志愿服务的可能性是很少给予邻里朋友情感精神关怀的城市居民的1.755倍；一般（不是很经常）给予邻里朋友情感精神关怀的优势比为1.376，说明与很少给予邻里朋友情感精神关怀的城市居民相比，一般（不是很经常）给予邻里朋友情感精神关怀的城市居民未来参与志愿服务的可能性是很少给予邻里朋友情感精神关怀的城市居民的1.376倍。③经常帮助陌生人优势比为1.523，说明与很少帮助陌生人的城市居民相比，经常帮助陌生人的城市居民未来参与志愿服务的可能性是很少帮助陌生人的城市居民的1.523倍。④经常帮助乞讨者的优势比为1.558，说明与很少帮助乞讨者的城市居民相比，经常帮助乞讨者的城市居民未来参与志愿服务的可能性是很少帮助乞讨者的城市居民的1.558倍。

经统计，以下对因变量有显著影响的自变量在模型中的系数符号为负，说明这些自变量与被访者的志愿服务参与意愿呈显著的负相关关系。对这些自变量的解释如下：（1）在价值观上，权力价值观的优势比为0.933，说明权力价值观的得分每增加一分，城市居民具有参与志愿服务的可能性是原来的0.933倍；享乐价值观的优势比为0.910，说明享乐价值观的得分每增加一分，城市居民未来参与志愿服务的可能性是原来的0.910倍；自主价值观的优势比为0.969，说明自主价值观的得分每增加一分，城市居民未来参与志愿服务的可能性是原来的0.969倍。（2）在性别上，性别的优势比为0.760，说明与女性相比，男性具有志愿服务参与意愿的可能性是女性的0.760倍。

(3) 在年龄上，年龄的优势比为0.924，说明年龄每增加一岁，未来参与志愿服务的可能性是原来的0.924倍。(4) 在户籍类型上，户籍类型为本市农业的优势比为0.514，说明与户籍类型为外地农业的城市居民相比，户籍类型为本市农业的城市居民未来参与志愿服务的可能性是户籍类型为外地农业的城市居民的0.514倍。(5) 在婚姻状况上，婚姻状况为丧偶的优势比为0.521，说明与婚姻状况为未婚或其他的城市居民相比，婚姻状况为丧偶的城市居民未来参与志愿服务的可能性是婚姻状况为未婚或其他的城市居民的0.521倍。

在模型2中，我们加入了价值观变量后，模型的解释能力进一步提高，人口社会学相关变量依然显著但解释能力有所降低，这说明价值观变量可以用来分析解释城市居民的志愿服务参与意愿。

第五节　讨论与分析

本章通过对2013年对中国27个城市进行的中国城市公益行为调查问卷所获得的数据进行整理后，在施瓦茨价值观理论和艾森伯格亲社会行为理论模式的视角下，分析了城市居民价值观与志愿服务参与意愿的关系，根据Logistic回归模型，有如下两点发现：一是城市居民的性别、年龄、户籍类型、教育水平、婚姻状况、政治面貌、宗教信仰、互助行为对志愿服务参与意愿具有显著的影响。二是在价值观方面，博爱、友善、遵从、权力、自主、享乐价值观对志愿服务参与意愿具有显著的影响。具体分析如下：

一、关于控制变量的讨论

由Logistic回归模型的结果，我们可以得知，在人口学变量上，性别、年龄、户籍类型、教育水平、宗教信仰、政治面貌、婚姻状况、互助行为均对城市居民的志愿服务参与意愿具有显著的影响，此结果与国内外相关研究的结论基本一致。

从性别上来看，男性未来参与志愿服务的可能性是女性的0.760倍，而经统计发现，女性的博爱价值观和友善价值观得分均高于男性，这与国外一些研究的结果是一致的：女性在移情、关心他人、亲社会角色认同、道德义务遵守和宗教性方面得分较男性更高。不过志愿服务呈现的性别差异的产生与多种因素有关，如志愿服务的类型和志愿服务的内容，但女性在亲社会动机上具有更明显的优势是毋庸置疑的，而形成这种优势的原因可能与女性的性别角色具有一定的关系，如女性作为母亲更容易同情弱者，更擅长照顾儿童以及家庭等。这些都将促进女性的亲社会行为，增强女性的志愿服务参与意愿。

从年龄上来看，年龄与志愿服务参与意愿呈现负相关的关系。但经过描述统计发现，在具有志愿服务参与意愿组内：20世纪90年代占比1.85%；80年代占比13.77%；70年代占比25.31%；60年代占比27.67%；50年代占比17.38%；1949年以前占比14.02%。70年代和60年代的人群占比较高，可以发现在年龄与志愿服务参与意愿的关系上，年龄与志愿服务参与意愿呈倒"U"形关系：志愿服务参与意愿随着年龄的增加逐渐增强，在到达一定年龄阶段后又逐渐降低，这一结果可以从Wilson提出的生活历程理论中得到证明。

从教育水平来看，教育水平为本科及其以上的城市居民未来参与志愿服务的可能性是教育水平为本科以下城市居民的1.612倍。与学历较低的人群相比，学历越高，受教育年限越长，其视野越广阔，积累和掌握的专业知识更丰富，认知能力和社会责任意识也更强，更能在志愿活动中发挥作用。所以教育水平越高，具有志愿服务参与意愿的可能性越大。

从宗教上来看，有宗教信仰的城市居民未来参与志愿服务的可能性是没有宗教信仰的城市居民的1.433倍。大部分学者都认为，世界上的每一个主要宗教都非常重视帮助有需要的人的美德。

从政治面貌来看，政治面貌为中共党员的城市居民未来参与志愿服务的可能性是政治面貌为非党员城市居民的1.978倍。这与张网成的研究结论相一致。对这一研究结果的解释必须要结合我国语境，与西方国家志愿服务的发展不同的是，我国的志愿服务自始至终都伴有自上而下的"行政化"色彩。经统计发现，本研究中的中共党员群体，有41.55%的人处于不工作的状态，而有近50%的人在党政机关和国有企事业单位工作。在“自上而下”的志愿服务背景下，这些单位将是最先响应志愿服务号召的群体。此外，中共党员本身就是密切联系群众、积极为人民服务的群体，其本人的思想觉悟也会增强其参与志愿服务的意愿。

从婚姻状况来看，丧偶的城市居民未来参与志愿服务的可能性是婚姻状况为未婚或其他的城市居民的0.521倍。经统计发现，本研究中丧偶人群主要集中在1970年以前出生的中老年人，尤其是64岁以上的老年人，其中：60年代占比14.37%；50年代占比16.90%；1949年以前的占比高达63.66%。婚姻关系对志愿服务的积极作用在于婚姻会使得个体的社会网络进一步扩大，能够增加个体参与志愿活动的可能性。同时许多研究都表明，丧偶会改变丧偶者的经济供养和家庭照顾状况，也会显著影响丧偶者的生理和精神状态，增加患焦虑以及抑郁的风险，而抑郁的出现会显著降低丧偶人群的健康水平和幸福感，也会显著减少丧偶人群的社会交往。这些都将影响丧偶人群的亲社会行为，从而降低志愿服务的参与意愿。

在自评健康状况这项指标上，两个模型的结果都不显著。很少有研究明确地证实健康水平与志愿服务具有某种线性关系，但有众多研究表明，积极参与志愿服务会提高人们的健康水平，尤其对于身体机能逐渐退化的老年人来说，积极参与志愿服务有助于其保持良好的生理心理健康水平，实现积极老龄化。

在互助行为上，经常有互助行为的城市居民未来参与志愿服务的可能性明显高于很少有互助行为的城市居民。“守望相依，邻里互助”是中华民族的传统美德，家庭互助行为在当前依然广泛而深刻地存在，是对社会福利制度的重要补充。

在家庭人均收入上，两个模型的结果均不显著。Wilson曾提出，收入可以影响人们如何在时间和金钱之间分配他们的利他主义冲动，随着收入的增加，人们会用金钱代替进行志愿服务所产生的时间成本。但在本研究中，具有志愿服务参与意愿组与不具有志愿服务参与意愿组的家庭人均收入并无显著差异。这可能是造成两个模型在这一变量上均不显著的原因。

在户籍上，户籍类型为本市非农业户口的城市居民未来参与志愿服务的可能性是户籍类型为外地农业城市居民的1.884倍。与农村相比，城市的公共服务更为完善，文化氛围更为浓厚，有较多开展志愿服务活动的机会和资源，城市居民也会有较多的机会接触志愿服务，对志愿服务的认知也更为深刻。在本研究中，有88.71%的受访者的户籍为本市非农业户籍，户籍除了会影响个体对志愿服务的了解深度外，还会影响人的工作和生活范围，一个人长期生活在某地就会逐渐建立稳定的社会网络，并形成对户籍所在城市的归属感和认同感，会有更大的热情参与居住地所开展的相关活动。

二、关于价值观变量的讨论

从模型2的结果来看，博爱价值观、友善价值观和遵从价值观与志愿服务参与意愿具有正相关关系，这一结果支持了本研究的假设一、假设二和假设三。

博爱价值观和友善价值观在施瓦茨的人类基本价值观理论中处于同一维度，即自我超越维度。这一维度强调积极地关注他人和集体的福祉，强调平等、利他主义。从前面的描述统计我们可以看出，无论是在城市居民整体价值观表现上还是具有志愿服务参与意愿组和无志愿服务参与意愿组两组间，博爱价值观和友善价值观都占据重要地位。虽然本研究对价值观的测量采用了国外的量表，但自我超越这一维度的两种价值观不是西方所独有的。就我国的思想文化发展历程来说，从以孔子为代表的儒家思想提出的“仁义礼智信”，到如今的社会主义核心价值观，都包含“博爱”的思想。韩愈有言道：博爱之谓仁，行而宜之之谓义，由是而之焉之谓道，足乎已无待于外之谓德。这句话的意思是：博爱叫作“仁”，恰当地实现“仁”就是“义”，沿着“仁义”之路前进便为“道”，使自己具备完美的修养，而不去依靠外界的力量就是“德”。儒家的仁爱民本和大同思想也是我国慈善思想的重要源头，儒家思想在世世代代地影响中国人的价值观念并内化为中国人的人格特征。西方宗教宣扬的“博爱”与中国文化背景下的“博爱”有很大区别，中国文化背景下的博爱是将人与天地万物连接在一起的，人不光要爱人还要爱自然界的万物。明代理学家王阳明提出“仁者以天地万物为一体”，他在解释这句话时引用了孟子的“四端之心”：人见孺子入井有“恻隐之心”，闻鸟兽哀鸣有“不忍之心”，见草木摧折有“悯恤之心”，见瓦砾损坏有“顾惜之心”。

遵从价值观与城市居民志愿服务参与意愿呈现正相关，这与国外相关研究的结果有所不同。国外相关研究中大多数证实了博爱和友善价值观对亲社会态度或行为的作用，少有研究发现遵从价值观对亲社会态度或行为有影响。在施瓦茨价值观量表中，遵从价值观由如下几个指标来衡量：自律、礼貌、敬老、服从（尽忠职守）、社会规范（维护面子）。我国经历了两千多年的封建社会，在这两千多年的封建社会中，占统治地位的主导思想是儒家思想。而儒家的思想伦理中，“三纲五常”对我国封建社会的发展具有重要影响，其思想由孔子的君君、臣臣、父父、子子演化而来，由汉代儒学家董仲舒提出，“三纲”所指即“君为臣纲、父为子纲、夫为妻纲”，“五常”所指即“仁、义、礼、智、信”。与此同时，儒家思想中还有“以孝治天下”的存在。在封建社会时期，三纲五常和“以孝治天下”的思想为维护统治秩序和社会稳定起到了重要作用，构建了社会伦理和道德规范，它们可以和施瓦茨价值观理论中的自律、礼貌、敬老、服从（尽忠职守）、社会规范（维护面子）相对应。随着生产力的发展和思想的进步，三纲五常在近代社会开始受到批判，但其对我国社会的影响依然存在，如“家长制”“孝道”思想仍旧影响着中国家庭的生活。就我国的意识形态来说，我国长期处于政府主导的环境之中，从而形塑了政府与居民之间的“父爱主义”关系，也即“家长式政府”。在这种情况下，人们会更加信任“官方”组织，并遵守“官方”规范。而在我国，很多志愿服务都是由官方机构主办的，这更加印证了遵从价值观与志愿服务参与意愿的关系。此外，虽然该结果与国外研究结果不尽相同，但是能从施瓦茨的价值观理论中找到答案。在施瓦茨对价值观结构的分析中，遵从和友善价值观处于相容关系，都要求规范的行为，促进密切的关系，所以遵从价值观与友善价值观对志愿服务参与意愿的影响会表现出相似的结果。

享乐价值观、自主价值观、权力价值观与志愿服务参与意愿呈负相关，这一结果证实了假设六和假设八，与假设五相反。

享乐价值观和自主价值观在施瓦茨人类基本价值观理论中处于同一区域，即开放改变区域。在本研究中，享乐价值观、自主价值观与志愿服务参与意愿呈负相关，这一结果与国外学者的一些研究不同。在国外学者对老年人志愿活动的相关研究中，位于开放改变区域的价值观与老年人的志愿活动呈正相关，他们对此做出的解释是：更倾向于实验、注重行动、自由和独立思考的退休人群更容易参与志愿工作，促使这类人群自愿参与的一些特征，包括对自由的渴望、好奇心、确定自己的目标、独立、创造力、多样性、情感、勇气和快乐、自我放纵和生活享受。还有一些研究者作出这样的假设来解释这一结果：退休人员缺乏职业承诺，许多人过着安稳的生活，这可能促使他们不再关注自己的利益，而更多地关注他人。因此，预计从劳动力市场退休的老年人会发展出更强的自我超越价值观（博爱和友善），从而排斥自我增强价值观（权力、成就和享乐主义），所以国外的相关研究普遍认为开放改变的价值观显然鼓励人们的志愿参与。在我国，人们参与志愿活动主要与奉献社会有关，我国的志愿服务一直强调志愿精神，而以“奉献、友爱、互助、进步”为内涵的志愿精神十分具有中国特色，所以我国的志愿活动更像是国家号召人民响应的行动，而非处于个体想要实现自身的某种追求而产生的自发行为。

但就施瓦茨价值观理论来说，享乐价值观和自主价值观与志愿服务意愿呈负相关是合理的，可以用施瓦茨的人类基本价值观理论进行很好的解释。在施瓦茨提出的价值观环状结构中，价值观之间是相容和相对的模式，每一个指定某个价值类型与外部变量关联的假设对其他价值类型的关联都有明确的含义，给定的价值类型的优先级与外部变量之间的相关性应该大致遵循正弦模式，所以，如果从一个人整体价值观中最积极的相关价值观类型开始，并在环丛中移动，那么相关性降低到最消极的相关价值类型时，最积极的价值观类型与最消极的价值观类型应该在价值观环状结构中处于相对位置。享乐价值观和自主价值观属于开放改变区域，遵从价值观属于保守区域，开放改变区域和保守区域在价值观环状结构中处于相对的位置，那么遵从价值观与志愿服务参与意愿呈正相关关系，享乐价值观和自主价值观就会与志愿服务参与意愿呈负相关关系。同理，关于权力价值观与志愿服务参与意愿的关系也可以作出这样的解读，由于享乐价值观兼有自我超越和自我增强的属性，所以享乐价值观在价值观环状结构中也可以属于自我增强区域，也就是说可以和权力价值观同属于自我增强区域，在价值观环状结构中与自我增强区域相对的是自我超越区域，博爱价值观和友善价值观属于自我超越区域，享乐价值观和权力价值观属于自我增强区域，博爱价值观和友善价值观与志愿服务参与意愿呈正相关关系，所以享乐价值观和权力价值观与志愿服务参与意愿呈负相关关系。

通过表 4 - 10 我们可以看出，城市居民的价值观在年龄上也具有差异，此表呈现了不同年龄段价值观的分布情况，总的来说，10 种价值观的平均得分随着年龄的增长呈逐渐下降趋势，10 种价值观各自平均得分最高的年龄段基本集中在 80 年代和 90 年代。需要特别注意的是，在安全价值观上，自 60 年代以后，安全价值观得分随着年龄的增长又逐步上升，1949 年以前这一年龄段的安全价值观的平均得分成为所有年龄段的最高平均得分。在国外的一些研究中，认为老年人与保守维度（传统、一致性和安全性）的价值观呈正相关，与开放的改变维度（刺激、自我导向和享乐主义）的价值观呈负相关。

三、研究结论

本研究旨在讨论价值观对城市居民志愿服务参与意愿的影响，通过以上的讨论分析，本研究得出以下结论：一是博爱、友善、遵从价值观与志愿服务参与意愿呈正相关。二是权力、享乐、自主价值观与志愿服务参与意愿呈负相关。

四、研究展望和不足

第一，艾森伯格亲社会行为模式是就整个亲社会行为的发展过程来说的，但就本研究来说，使用的数据并不能很好地呈现对他人需要注意阶段和助人意图与亲社会行为的影响因素，所以受数据所限，只采用了该理论与本研究最直接相关的部分，如果数据能够允许全面了解个体助人行为的全部过程，那么应用该理论将产生具有价值的研究成果。

第二，影响个体志愿服务参与意愿的因素有很多，个体最终的志愿服务参与意愿很可能是多种因素综合作用的结果，本研究只选取了价值观一个维度，也许不能全面立体地呈现志愿服务参与意愿的真实情况，因此此方面有待日后进一步研究分析。

第三，施瓦茨价值观量表虽经过了跨文化一致性的验证，但在国内实证研究中应用施瓦茨价值观量表的还是少数，所以应用施瓦茨价值观量表得到的关于城市居民价值观的数据是否真的能够代表我国本土的真实情况，还不能确定。

第四，由于作者研究经验有限，本研究在理论应用和方法使用上还有诸多不足之处，在写作过程中走了许多弯路，在日后需要更加精进定量研究方法。

第六节　政策建议：社会工作视角

一、在志愿者日常培训中融入社会工作价值观与公益慈善文化

通过以上讨论我们发现，博爱、友善这两种价值观与城市居民的志愿服务参与意愿呈正相关，而利他主义价值观是社会工作专业的指导思想，在社会工作专业领域内，利他主义价值观指导着社会工作专业下的一切活动，从社会工作专业的理念宗旨、方法技能到最终目标，无不在始终贯彻着利他主义价值观。在志愿者管理工作中，我们可以将利他主义价值观融入对志愿者的培训过程中，并利用社会工作专业的三大工作方法传递这种价值信念，使志愿者也拥有专业社会工作者的基本素养。

同时，公益慈善文化被认为是发展公益慈善事业的动力之源，而公益慈善文化与我国的传统文化具有一致性，我国历史上产生的众多社会和谐的思想可以继续发扬光大，如孔子提出的“和为贵”，墨子提出的“相爱无差”，发扬类似的传统文化能够教化民众、和谐人际关系，促进社会健康有序发展。

二、根据群体年龄合理分配志愿服务内容

从志愿服务在我国的发展状况来看，青年人和老年人一直都是主力群体，但是两种群体的志愿服务动机却大相径庭，青年人看似“利己”，老年人看似“利他”。通过研究结果可以看出，在价值观的表现上，青年人在各方面价值

观的平均得分都要高于老年人。青年人处于人生中最具活力的阶段，而通过青年人志愿服务的动机我们也可以看出，青年人认为参与志愿服务可以获得宝贵经验，也能锻炼自身能力，参与志愿服务的动机大多与自我发展有关。那么在为青年志愿者安排志愿服务工作的时候，就可以充分利用青年人的这一特点，可为青年人的志愿服务工作增添一点挑战性，但也要保证青年人的成就感，这样不仅能满足青年志愿者的需要，也能对其起到激励作用。

对于老年人来说，我国老年群体参与志愿服务的动机很多是基于“积极老龄化”的需要，如参与志愿服务可以排遣孤独感、扩大社会网络、保持身体健康。老年人在进入老年阶段后个人价值观趋近于“安全”和“保守”，但老年人具有丰富的人生阅历，具有一定文化水平的老年人还会拥有丰富的专业知识和特长，这些都可以作为老年志愿者的丰富资源去深入挖掘。

三、融入优势视角，挖掘志愿者潜能

社工的优势视角强调通过挖掘案主自身的潜能来增强其解决问题的主观能动性，这一视角也可以应用于志愿者管理工作。志愿者在进行志愿服务的过程中需要贡献自己的经验知识和技能，然而在实际的服务过程中，志愿者的知识技能很可能达不到要求，难以保证服务质量，也会出现拥有某一领域的专业技能却无用武之地或者大材小用的情况，所以要根据每个志愿者所拥有的特长和能力安排志愿者到适合其展现才能的岗位。如：在面向儿童青少年的社区社工机构中，大学生志愿者可以利用自身的知识特长或才艺特长服务于儿童青少年的学业辅导、课外知识拓展与兴趣特长发展等领域；在面向老年人的老年社工机构，可以让有专业特长的老年人作为活动的带头人开展相应的活动。

四、将督导制度加入志愿者管理工作

我国的志愿服务发展已经越来越重视与社会工作的合作，合作的关键问题就是将社工的专业性与志愿服务相结合，因此我们可以将社会工作的相关专业方法融入志愿者管理工作中，比如社会工作专业领域内的督导制度。社工督导有三种形式：一对一督导、团体督导、同事督导。可以将这几种督导

形式应用于志愿者管理工作中。新的志愿者在进入社工机构后，可指定一名有一定工作经验的社工为其介绍志愿者工作的制度与内容，并保持与志愿者的平等伙伴关系，使志愿者快速融入工作机构，对工作机构产生认同感与归属感。

除了拥有成熟的督导体系之外，作为专业的助人者，社工也具有丰富的专业知识。社工可将社工专业领域内的专业知识与技能应用于志愿者管理工作中，如在督导过程中融入个案工作、小组工作的经验，可采用一对一督导、团体督导、同事督导等多种督导形式，在督导工作的开展过程中，与志愿者建立良好的关系，开放接纳、诚恳倾听、委婉建议，提供示范性的方法和技术。在团体督导的过程中，敏锐发现志愿服务过程中志愿者们所出现的共性问题和困难，发现志愿者管理和组织建设中存在的问题，及时调整工作方向，为志愿者提供专业培训，完善志愿者在志愿服务过程中所需要的知识技能，增强志愿者的工作胜任能力，提高服务效率。

第五章 城市居民个人价值观对其公益行为的影响

个人具体的行为是价值观外化的表现，它持续地引导着人的活动，价值观对于个人具体行为的引导作用得到了广泛的认可。当前我国大力推动公益慈善事业发展和精神文明建设，并且随着全球化的推动，各种不同价值观涌入我国，冲击着个人的价值观体系，更是形成了多种价值观共存的局面。多元化的价值观对人们的公益行为是否又存在着不同的影响差异呢？本章以2013年北京师范大学社会发展与公共政策学院在中国27个城市进行的微观调查数据为基础，进行Logistic回归分析后，发现：一是普遍价值观得分高的城市居民，其捐款的可能性较低；二是慈善价值观得分高的城市居民，其参加志愿服务活动、捐款和捐物的可能性较高；三是权力价值观得分高的城市居民，其献血的可能性较高；四是享乐价值观得分高的城市居民，其参加志愿服务活动和捐款的可能性较低；五是遵从价值观得分高的城市居民，其捐款和捐物的可能性更高；六是传统价值观得分高的城市居民，其捐款的可能性较低；七是安全价值观得分高的城市居民，其捐款和献血的可能性较低。除此之外，人们的公益行为还与性别、婚姻状况、个人参与的意愿、生活的幸福感等有关。同时，组织内成员的城市居民，其参加志愿服务活动、捐款活动、捐物活动和献血活动的可能性较高。

针对本研究结果，可以从政府及社会、公益组织、公益教育、社区内的组织团体和社会工作这几方面通过宣传和强调慈善价值观，开展相应内容的社区活动，树立正确的慈善价值观念，提高城市居民主动参与公益活动的积极性，从而增加城市居民的公益行为，推动公益慈善事业的发展，促进社会主义和谐社会的建设。

第一节　引　言

帕累托认为，人类的行为是由相应的价值标准决定和驱动的，然而，却无法对这些价值标准进行直接的测量，为了去发现它们的实际作用，就必须观察它们的副产品——行为。个人具体的行为是价值观外化的表现，它持续地引导着人的活动，价值观对于个人具体行为的引导作用得到了广泛的认可。随着我国改革开放和社会主义市场经济的建立，我国人民的主体意识、开放观念和竞争意识都逐步提升，随之而来的社会分化、流动和分层，人们思想活动的独立性、选择性、多变性、差异性更是明显增强，价值观念也呈现出多元化和多向性的特点。而党的十八大以来，我国更是高度重视培育和践行社会主义核心价值观，并且从国家、社会和个人三个层面提出了“富强”“民主”“文明”“和谐”“自由”“平等”“公正”“法治”“爱国”“敬业”“诚信”“友善”这24个字的社会主义核心价值观。在当前国家大力推进公益慈善事业的发展和推动精神文明建设的大背景下，价值观是否能够起到引导人们公益行为的作用？尤其随着全球化的推动，各种不同的价值观涌入我国，冲击着个人的价值观体系，更是形成了多种价值观共存的局面。那么，多元化的价值观对人们的公益行为是否又存在着不同的影响差异呢？

社会工作与公益慈善的关系密不可分，不少学者认为，公益慈善是社会工作的源头，社会工作是公益慈善发展到一定阶段的产物，而随着社会工作逐渐专业化，社会工作也被人们称为“科学的慈善（scientific charity）”。社会工作与公益慈善有着相同的价值追求和共同的服务对象，公益慈善为社会工作的开展提供了土壤，而社会工作又为公益慈善事业的发展提供了人力和技术上的支持。在我国，当前从事公益慈善活动的社会组织逐渐增多，悄然改变着现有的社会治理格局以及社会工作从业人员增加和承接各种政府购买服务项目的大背景下，社会工作从2015年起连续4年被写入政府工作报告，已成为国家现代化治理体系的重要组成部分，同时也是公益事业中主要的服务传递者，承担着重要的职责，是传统公益向现代转化的推动力量。社会工作深受利他主义价值观的影响，尤其注重“助人自助”的理念，在帮助特殊群体的过程中，这种价值理念也通过帮扶活动潜移默化地传递给了特殊群体，在这样的环境下，社会工作是否能够通过影响城市居民的价值观来促进其公益行为呢？本章以 2013 年北京师范大学社会发展与公共政策学院在中国 27 个城市、108 个社区的居民中进行的多阶段分层抽样数据为基础，进行数据分析后，试图为这些问题寻求一个合理的答案。

城市居民作为公益事业中主要的参与者，在公益慈善事业中发挥着重要的作用，是公益慈善事业的主力军，也是社会工作开展服务的主要受众群体。本章拟通过对已有数据进行分析，探讨城市居民个人价值观对其公益行为的影响，并针对不同城市居民从公益活动、公益教育的内容和形式提出相应的建议，以期从价值观的层面去增进城市居民的公益行为。同时，社会工作在公益慈善事业中扮演着重要的角色，它以个人、家庭或社区的需求为基础，通过有针对性的服务供给与传递，链接相应的资源满足服务对象需求，以解决实际社会问题，重塑服务对象的社会网络支持体系。根据数据分析结果，可以从价值观的层面丰富社会工作的实务内容，拓宽社会工作发展领域，扩大服务受益群体范围，促进社会工作的发展。

第二节　文献综述

一、相关概念界定

1. 价值观

价值观是一个较为抽象的概念，最早来源于哲学，是人们对事物所持的善恶、好坏、优劣的根本看法，也是价值主体在理性层次上对客观存在着的价值关系的一种自觉反应（袁祖社，2014）。价值观作为一种社会意识，对它的研究多从社会学、社会心理学等角度展开。Kluckhohn 认为价值观是一整套具有普遍性的、有组织的构念系统，这套构念系统是有关值得做及不值得做的看法（Kluckhohn，1953）。在此基础上，有学者更强调了价值观既是个体的选择倾向，也是个体态度、观念的深层结构，是重要的个体社会心理过程和特征；并且，价值观是一种群体共享的价值符号，会随着社会的变迁而发生变化（杨宜音，1998）。相对于社会心理学关注个体自身价值观的形成及对行为的影响，社会学则更强调社会环境对价值观的影响。价值观被认为是文化的核心，它是一个社会中人们所共同持有的关于如何区分对与错、好与坏，违背意愿或符合意愿的观念，是人们评价、判断事物的思想标准。价值观具有稳定性、主观性和历史性等特点，会受到个人所处外在环境的影响，对人们的思想和行为起到巨大的导向、调节与规范作用。

本章研究的是城市居民个人价值观对其公益行为的影响。个人的价值观指的是人们将那些重要的观念作为其生活中的指导原则，体现的是在日常生活中人们认为什么是重要的，对每个人而言有不同重要的东西，即对于一个人而言非常重要的东西，但对另一个人而言却并不重要。本章在测量价值观这个复杂的概念时选择了在跨文化研究中有较好信用、效度的施瓦茨价值观量表，因此在价值观的定义上采用了施瓦茨对价值观的定义，即价值观是超越特定情况下，按照一定重要性排序后，形成的一个系统的价值观体系，它包括了人们的信仰、信念以及最终的理想状态或行为模式，并且人们根据形成的价值观体系对自身行为、人和事件进行的选择和评判（Schwartz，2010）。

2. 公益行为

公益行为的概念很广泛，有广义和狭义之分。广义上的公益行为包括了任何具有公益性质的行为，除了熟知的捐款、捐物、参与志愿活动外，还包含帮助他人的偶然、随机发生的非正式行为。狭义的公益行为则只包含捐款、捐物、参与志愿活动。随着我国公益事业的蓬勃发展，越来越多的人投身于公益事业之中，不少专家学者也对公益行为进行了研究，但国内外的专家学者经常将公益行为、慈善行为和志愿行为混为一谈。

国内外学者通常认为慈善行为是一种个人为了实现社会公平正义而通过捐赠自身财物的方式去帮助其他人的行为，具有利他性、无偿性、志愿性等特征，从伦理角度出发，属于道德行为范畴。志愿服务作为一种亲社会行为，相对于慈善行为以捐赠为主要手段而言，更加注重志愿服务的帮扶作用及组织的规范化，是一种个体非义务的、自愿性的无偿帮助其他个人、群体或机构的组织化行为（刘凤芹，2015）。2006年共青团中央颁布的《中国注册志愿者管理办法》对志愿服务做了明确的界定，“志愿服务是志愿者组织、志愿者服务社会公众生产生活和促进社会发展进步的行为”。与慈善行为的利他性、无偿性、志愿性相比，志愿行为则必须基于自由意志而非义务或强制执行，是一种审慎行为，需要谨慎决策，而不是应对紧急情况时可能发生的被动或自发行为，并且随着时间的推移而不是一次性的以特殊事件为中心的行为。在研究志愿服务行为中，多采用“阶段模型”形式，包含志愿者的个性、动机和社交关系对志愿者决策的影响，志愿者参与活动的满意度和其他参与的情绪反应以及组织的培训与对志愿者的支持情况，志愿者的服务期限以及志愿服务对志愿者、服务接受者以及组织、社区和社会赞助者的影响这三个阶段。除此之外，还有“人-环境”拟合模型，以期望关注志愿者的动机与环境之间的相互作用允许志愿者满足其动机的能力。

综上所述，结合本研究所使用的数据，公益行为是指城市居民基于自身一定价值判断和价值选择的基础上，自愿向他人、组织捐献金钱、物品或参与志愿活动和献血活动以帮助他人、促进社会公平正义的行为。既包括以捐钱、捐物这些以捐赠为主的慈善行为，也包括自愿参与的志愿帮扶活动和献血活动，可用“捐力、捐钱、捐物、献血”这8个字来概括。

二、国内外对价值观的研究

价值观是可以从多种角度进行解释的复杂概念，是人们对事物重要性的判断和选择，对待同一件事情，不同的人会有不同的价值判断和选择，从而形成不同的价值观。人们对于价值观的研究最早起源于哲学，探究的是人们在意识层面上对事物的价值判断，随着实证主义的发展，人们开始注重从科学实证的角度对价值观进行探索，其中尤以心理学的研究为主，在此基础上形成了大量价值观量表以探究人们价值观的构成。

1. 国外对价值观的研究

自20世纪30年代奥尔波特的《一项价值观的研究》拉开对价值观的研究后，各种各样针对价值观的研究如雨后春笋般涌出。Perry首先将价值观区分为认知的、经济的、政治的、道德的、审美的和宗教的这6类（Perry, 1926），而Rokeach则在考虑了价值观具有层次性和顺序性后将价值观分为终极性价值观（terminal values）和工具性价值观（instrumental values），并据此发展出了由 18 项价值信念构成的 Rokeach 价值观量表，同时他的“价值观调查量表”通过 D 式（粘贴标签）和 E 式（在价值观旁边排序号）的填答方式，对具体的价值观进行排序，以探讨哪一个价值观更为重要。Rokeach 的价值观两分法及其量表为随后的价值观研究奠定了基础（Rokeach，1973）。

随后 Schwartz 以需要和动机为基础从跨文化的角度对不同国家的价值观进行了研究，发展出了由 57 项价值信念构成的在不同国家都具有普遍意义的 Schwartz 价值观量表。同时，他将价值观分为普遍性价值观（Universalism Values）、慈善价值观（Benevolence Values）、传统价值观（Tradition Values）、遵从价值观（Conformity Values）、安全价值观（Security Values）、权力价值观（Power Values）、成就价值观（Achievement Values）、享乐价值观（Hedonism Values）、刺激价值观（Stimulation Values）和自我定向价值观（Self-direction Values）这 10 种类型，并将这 10 种类型的价值观分为自我超越、自我提高、保守和开放这四个维度以探讨不同类型价值观之间的关系。Schwartz 的价值观量表被众多学者引用到不同国家进行价值观的研究，并在此基础上延伸出了由 40 个条目构成的肖像价值观问卷（Portrait Values Questionnaire，PVQ－40），成为广泛运用于跨文化研究中的一种价值观量表（Schwartz，2010）。

2. 国内对价值观的研究

我国向来重视对道德意识层面的探究，自古留下的思想影响着一辈又一辈的人们，如孔子的仁爱思想、墨子的兼爱非攻等。在价值观的分类上，有学者倾向于将价值观分为文化层面、社会层面和个人层面三类（杨宜音，1998），但在文化层面和社会层面之间的区别，专家学者们并没有统一。还有学者认为，我国现代价值观系统包括政治价值观、经济价值观、道德价值观、生态价值观、审美价值观和人生价值观，同时认为培育良好的价值观，可以从学校教育、家庭教育、社会教育和自我教育这四个方面入手。

相对于国外关注个人价值观的发展状况，我国则重视对文化层面和社会层面价值观的研究，尤其是在价值观体系中处于核心地位，统率和支配着其他价值观的社会主义核心价值观。有学者认为，我国的社会主义核心价值观经历了由“儒家思想为主导，道佛思想为辅”到“马克思主义思想为主导，传统价值观为基础，西方价值观为辅”的过程（邱吉和朱舒坤，2018）。2006年党的十六届六中全会首次提出了“建设社会主义核心价值体系”后，我国更是高度重视培育和践行社会主义核心价值观，并且在党的十八大报告中从国家、社会和个人三个层面提出了“富强”“民主”“文明”“和谐”“自由”“平等”“公正”“法治”“爱国”“敬业”“诚信”“友善”这24个字的社会主义核心价值观，这一举措更是将价值观与时俱进后具体化到各个层面。除了从理论思想上探究我国价值观外，我国的学者还探究了不同群体的价值观状况。如黄希庭采用Rokeach价值观量表对广州、深圳、武汉、成都和重庆5个城市的2125名青少年进行了调查，结果发现，我国青少年学生价值观总体一致（黄希庭，张进辅，张蜀林，1989）。

而对于价值观的科学研究则以心理学为主，在测量工具的选择上大多是本土化后的国外价值观量表或自行编制的量表。如高志华将Schwartz价值观问卷（PVQ－21）进行了中文版修订后，随机抽取了中国北方某大学的3351名学生，对他们进行问卷调查，结果显示PVQ－21各项条款都较好，具有良好的信用、效度，可以用于中国人价值观的测量（高志华，杨绍清，Margraf，Zhang，路平，2016）。除了借鉴国外的量表外，我国学者还根据我国国情自行编制了相应的量表，如“中国公民价值观蓝皮书”项目执行小组从政治价值观、经济价值观、福利价值观、文化价值观和生活价值观5个方面入手，自行编制了价值观调查问卷并在全国30个地级市和直辖市下属区县进行了发放。研究结果表明，中国社会价值观中的民主、法治、理性和宽容的现代性基调已经呈现出来，而青年人群、受教育水平高的人群、与城市文明有密切接触的人群、用现代手段和社会发生关联的人是社会价值观的先进人群（赵孟营，2008）。同样，金盛华等人根据有关文献以中国人的衣食住行为内容，首先进行访谈，根据访谈内容编制成问卷，经过两次预试后，形成了由47条项目构成的中国人价值观问卷，对全国12个省市的工人、农民、专业技术人员、大学生和中学生发放问卷后，发现中国人的价值观由品格自律、才能务实、公共利益、人伦情感、名望成就、家庭本位、守法从众和金钱权重这8个因素构成（金盛华等，2009）。

我国的学者在研究价值观时较多关注青少年群体，尤其以中学生和大学生为主。其原因一是由于这类人群较为集中方便问卷的发放和回收，二是由于这类人群本身就受到了广泛的关注。相比之下对于其他群体的价值观则研究较少，尤其一些具有我国特色的群体，如农民工群体、失独老人群体等。同时，价值观调查问卷的发放主要集中于城市，而对于农村价值观的研究则主要偏向于对农村传统文化观念的研究，多采用质性的研究方法，如费孝通、杨国枢等学者。

三、国内外对公益行为的研究

随着慈善事业的不断发展，对于公益行为的研究也逐渐增多。国内外关于公益行为的研究多以个人、企业、慈善组织等为主体，从经济、宗教、文化等各个方面分别进行研究，而对于个人公益行为的影响因素则主要从内外部因素来探究。

1. 内部因素

一些学者认为个人的内部因素影响了个人的公益行为，其中性别、年龄、受教育程度、宗教信仰最为明显。如在一些研究中表明，女户主家庭比男户主家庭更有可能给慈善机构捐赠。而 Gronlund 等人在 2011 年对 13 个国家的大学生进行了研究，指出年级越高的大学生其参与志愿服务的行为越多，反之年级越低的大学生其参与志愿活动的积极性越低（Grönlund et al.，2011）。Merchant 等人在 2011 年通过对已有文献综述与 13 个焦点小组、457 名有过捐赠经验的老年人和更为广泛的 502 名有过捐赠经验的居民这三项研究，以调查个人怀旧情绪与慈善捐款之间的关系，研究发现，个人怀旧的情绪会增加人们的捐赠行为（Merchant，2011）。Noor 等人则通过调查马来西亚慈善捐赠者的特征，并与英国、澳大利亚、文莱和巴基斯坦慈善捐赠者的行为特征进行比较，发现年龄、收入、教育和宗教因素影响了马来西亚的慈善捐赠行为（Noor et al.，2015）。

2. 外部因素

相对于内部因素而言，一些学者认为个人的公益行为受到外部因素的影响，与外在的社会条件、制度、经济基础等有关。如 Harbaugh 采用计量经济学的方法从经济学的角度对 1989—1993 年某法学院 146 名校友的捐赠行为进行了研究，发现声誉利益是个人参与慈善活动的主要原因（Harbaugh，2001）。Cruce 等人 2007 年对美国大学生调查研究中提出，影响其参与到志愿者服务当中的主要因素有个人生活条件、生活的背景、组织类型的透明度这三个维度（Cruce & Moore，2007）。陆文荣等人对长三角地区 7 个城市的 3322 名工人个体进行了研究，发现工作稳定性和保障是影响青年工人捐赠行为的主要因素（陆文荣，段瑶，2014）。Mainardes 等人在 2009 年通过对 1073 名有过捐款记录的巴西人进行了问卷调查，发现信任、奖励、领导影响、组织特征、环境影响、个人利益、受益人特征和未来利益这 8 个外部因素对个人捐款行为具有显著性影响（Mainardes，Laurett，Degasperi & Lasso，2017）。

四、国外关于价值观对公益行为的影响研究

国外关于公益行为的研究离不开宗教的影响，具有浓厚的宗教色彩，发展也比较早，有一套成熟的调查体系，对公益意识也有一套系统的培训课程。如在美国，全美募捐咨询联合会（The AAFRC Trust for Philanthropy）每年都会开展对公民捐赠及志愿行为的统计调查，而在加拿大也会不定期地进行 NS-GVP（National Survey of Giving Volunteering and Paticipating）调查，同时通过密歇根慈善委员会提供资金支持的 Learning to Give 课程来培养大学生的慈善意识。在此基础上，国外关于价值观对公益行为的影响研究主要认为利他主义、亲社会价值观等影响了人们的公益行为。

1. 利他主义等亲社会价值观

Clary 等人从社会心理学的角度运用 VFI（Volunteer Functions Inventory）问卷研究了人们志愿行为的动机，研究发现，参与同一志愿活动的不同个体有不同的参与动机，价值观动机中包括利他主义、人道主义价值观、与服务社区相关的价值观，而那些持有宗教色彩价值观的人会有更多的志愿服务行为（E. G. Clary，Snyder & Stukas）。同样，Sokolowski 利用 1992 年 Gallup 对美国 2671 名居民进行的调查数据，探讨了利他主义、自身利益和社会关系对捐赠动机和志愿行为的影响，认为利他主义对“志愿服务”产生了影响，但其对“慈善捐赠”的影响却不那么明确（Sokolowski，1996）。而一些学者认为

女性在亲社会特征和道德义务感方面得分高于男性，影响男性和女性之间不同捐赠行为的重要因素是利他主义（Merchant，2011）。Bekkers 等人根据对500多篇文章的文献综述，认为成本和收益、利他主义、价值观、声誉、需要意识、心理收益等8个因素是慈善捐赠最主要的动力，研究表明，捐助者赞同的态度和价值观使慈善捐助给予捐助者或多或少的吸引力。亲社会价值观通常与慈善捐赠有正相关关系（Bekkers & Wiepking，2010）。同时，Bekkers 等在研究了荷兰不同宗教派别成员之间教会和非宗教非营利组织的时间和金钱贡献差异后，认为内在动机比外部因素更能激发人们的慈善行为，新教教会成员对非宗教组织的更多贡献，特别是慈善捐赠，主要归功于亲社会价值观。

2. 其他价值观

Kemmelmeier 等人的研究表明个人主义价值观影响了人们的慈善态度和行为，持有个人主义价值观的人有更高水平的捐赠和志愿服务（Kemmelmeier & M.，2006）。Wang 等人也认为如果纯粹从经济学的角度来解释慈善行为，容易忽视个人价值观的社会建构对慈善行为的影响，他们通过使用2000年社会资本社区基准调查（SCCB）的美国样本数据，发现认为宗教在生活中很重要的人会更多地为宗教事业捐款（Lili Wang & Elizabeth Graddy，2008）。Brookshire 在2009年从经济学的角度对人们的捐衣行为进行了研究，发现人们的捐赠行为方面经历了功利主义和享乐主义价值观，这些价值观反过来也影响了未来的捐赠意图（Brookshire，2009）。Law 等人则研究了中国青少年家庭对青少年志愿行为的影响，发现家庭价值观是青少年参与志愿服务的最强影响因素（Law & Shek，2009）。

五、文献述评

第一，国外一些学者认为，价值观中的利他主义对行为有着显著性的影响，能够促进亲社会行为的产生，而国内一些学者认为，我国的传统文化思想影响了人们的公益行为，甚至一些学者的实证研究表示某些价值观与公益行为呈现出负相关，阻碍了人们的公益行为。

第二，已有研究一方面是对慈善行为的研究，另一方面是对志愿行为进行研究，对献血行为的研究则更加注重法律层面，对公益行为的研究虽有，但对公益行为的界定较为模糊，研究结论也较为片面。

第三，国内研究主要集中于人口统计学变量对公益行为的影响，关于价值观的影响，则归类于内部动力因素，在测量上多采用简单的问题，并未使用量表来进行测量。且在研究价值观与公益行为之间的关系时，对于价值观并没有进行分类研究。

综上所述，在研究价值观对公益行为的影响上还存在着价值观定义模糊、未进一步分类、未采用科学的量表、对公益行为分类不清的情况，这也是本书将要进一步探究的地方。

第三节　理论基础

一、施瓦茨的价值观理论

在与需要、态度等其他概念相比后，施瓦茨认为价值观是超越特定情况下，按照一定重要性排序后，形成的一个系统的价值观体系，它包括了人们的信仰、信念以及最终的理想状态或行为模式，并且人们根据形成的价值观体系对自身行为、人和事件进行选择和评判（Schwartz，1994）。但施瓦茨认为先前对价值观的研究并没有说明不同类型的价值观之间的关系是如何的，哪些价值观之间是相容的，哪些价值观又可能彼此之间相互冲突。通过对44个不同国家的文化进行实证研究后，以个体作为生物有机体的需要、协调社会互动的必要条件以及对群体顺利运作和生存的需要这三个普遍的要求为基础后，施瓦茨提出了10种以动机为趋向的价值观，分别是普遍性价值观（Universalism Values）、慈善价值观（Benevolence Values）、传统价值观（Tradition Values）、遵从价值观（Conformity Values）、安全价值观（Security Values）、权力价值观（Power Values）、成就价值观（Achievement Values）、享乐价值观（Hedonism Values）、刺激价值观（Stimulation Values）、自我定向价值观（Self-direction Values）。同时，他认为这10种价值观普遍存在于任何人群之中，于是运用最小空间分析的方法（Smallest Space Analyses，SSA）在全球90多个国家内进行跨文化研究，并验证了其价值观理论在跨文化中的应用（Schwartz，2010）。

施瓦茨的价值观理论假设在追求某种价值观时所采取的行动有可能会与追求其他价值观时的行动相容或相冲突，而在分析人们追求价值观时可能出现的这些相容和冲突，可以体现这些不同类型价值观的优先性和重要性。根据这样的假设，就形成了一个圆圈，相互冲突的价值观从中心向相反的方向扩散，而相互紧邻的价值观相容，由此又将10种价值观分为自我超越、自我提高、保守和开放这四个维度，每一个维度下又分别对应了不同类型的价值观。自我超越的维度下包括普遍性价值观和慈善价值观；自我提高的维度下包括权力价值观、成就价值观和享乐价值观；保守的维度下包括传统价值观、遵从价值观和安全价值观；开放的维度下包括自我定向价值观、刺激价值观。同时，在循环结构中，价值观与其他变量之间的相关性会形成正弦曲线，这意味着如果某个变量与普遍性有正相关关系，那么它应该与权力负相关，并且当从普遍性转向围绕圆形模型的权力时，相关性会降低。

同时，施瓦茨认为价值观之间形成了一个圆形结构的动机连续体（如图5-1），可以通过注意相邻的两个价值观类型的共同点来重点阐明连续统一体的性质。相邻的两个价值观类型的共同点包括以下几个方面：（1）权力价值观和成就价值观都强调社会优越感和自尊；（2）成就价值观和享乐价值观都注重以自我为中心的满足感；（3）享乐价值观和刺激价值观都需要一种情感愉快的唤醒；（4）刺激价值观和自我定向价值观都涉及对新奇和掌握的内在兴趣；（5）普遍性价值观和慈善价值观都关注他人的增进和对自私利益的超越；（6）慈善价值观和遵从价值观都要求促进密切关系的规范行为；（7）慈善价值观和传统价值观都促进对一个人的内心的奉献；（8）遵从价值观和传统价值观都需要从属于自我，支持社会强加的期望；（9）传统价值观和安全价值观强调保留现有的生活的稳定性；（10）遵从价值观和安全价值观都强调保护秩序和关系中的和谐；（11）安全价值观和权力价值观通过控制关系和资源来避免压力，以克服不确定性的威胁。

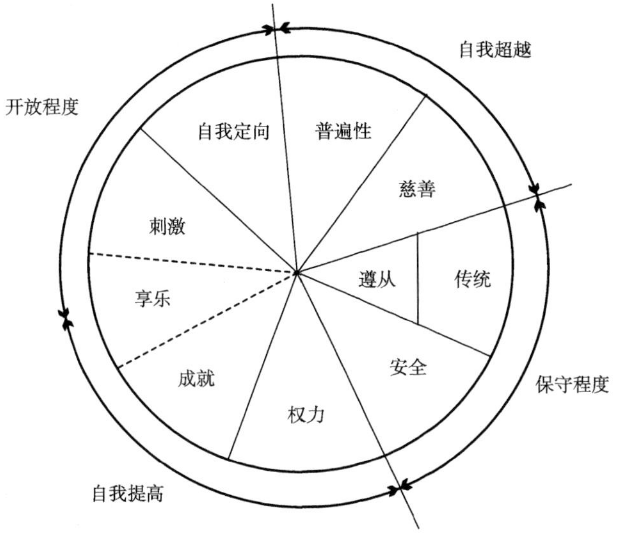

图 5-1　价值观圆形动机结构图（Schwartz，1994）

二、自我价值定向理论

自我价值定向（self-worth orientation）理论是由金盛华教授在其进行博士论文研究时提出的，他据此推出了“自我价值依托—丧失—自杀理论”模式，以寻找到解释、预测和控制行为的心理机制。自我价值定向理论是一个有关态度与行为关系的理论，其认为个人的自我价值定位（选择）和自我价值状况，决定着个人指向特定对象（包括自身）和在特定情境中的社会行为，并且个人与周围世界、他人及其作为客体的自我关系，也是由其自我价值定位和自我价值状况决定的（金盛华，等，2009）。

自我价值定向理论认为人们的实际行为受限于内部准备状态的态度和存在于外部的情境压力，而行为是态度和情境压力二者的函数，可以用公式 B = F（A，S）来表示。在外部环境压力相对稳定的情况下，态度对具体行为影响作用的大小，取决于这一态度本身是否居于个人价值系统的中心位置，是否对其有特别重要的意义。态度的向中度越高，则有关的行为对个人的意义越重要，对个人远效的心理影响也越大，从而这种态度对行为的影响作用也越大，情境的相对作用也就越小。Carrington 等人在研究道德主义消费观对消费行为的影响时发现，当消费者对伦理价值的追求在决策系统中处于优先位置时，将促进个体形成负责的消费风格，消费者会购买绿色产品且关注企业的慈善行为（Carrington & Whitwell，2010）。

第四节 研究设计

一、数据来源

本研究以2013年北京师范大学社会发展与公共政策学院对中国27个城市的108个社区的居民进行的多阶段分层抽样数据为基础。该数据采用了三阶段分层抽样：首先，考虑到经济发展水平等因素后，在全国范围内共抽取了27个城市；随后，考虑到老旧社区、商品房小区、单位大院和保障房小区4个因素后，决定在每个城市中分别抽取4个社区，共108个社区；最后，决定在每个社区内采用等距随机抽样的方法抽取50名居民，确定总的抽样框为5400个。该数据既包括基本的人口统计学变量，如姓名、性别、年龄、户籍情况等，也包括价值观量表、抑郁量表、家庭收支情况、社会信任、公益行为等信息。在进行过数据筛选后，本次调查获得的有效样本数为5277个。

二、数据分析处理方法

本研究所采用的数据以2013年对中国27个城市、108个社区通过多阶段分层随机抽样进行的问卷调查数据为基础，运用STATA14.0统计软件首先对数据进行删失和极端值处理，随后进行描述统计分析、相关分析和Logistic回归分析等多方面的分析，最后根据数据处理结果探讨城市居民个人价值观与公益行为之间的关系，并进一步分析不同类型的价值观对公益行为的影响程度。

三、变量的选取及测量

1. 自变量

本研究的自变量是城市居民的个人价值观，在测量工具上则选择了在跨文化领域有较好信用、效度的施瓦茨价值观量表。经过测量后，发现该量表的 Cronbach 系数为 0.935，具有较高的信用、效度，可以准确地测量出我国城市居民的价值观情况。施瓦茨以个体作为生物有机体的需要、协调社会互动的必要条件以及对群体顺利运作和生存这 3 个普遍的要求为基础，提出了 10 种价值观（如表 5 -1），每种类型的价值观下都对应不同的价值观问题。

表 5 -1　施瓦茨的价值观分类（Schwartz，1994）

权力价值观	刺激的生活	**慈善价值观**	服从
社会权力	**自我定向价值观**	乐于助人	自律
权力	创造力	诚实	遵守社会规范
富有	好奇心	宽宏大量	**安全价值观**
保持自我公众形象	自由	忠诚	清洁
社会的认可	选择自己的目标	有责任感	国家安全
成就价值观	独立	真正的友谊	社会秩序
成功	隐私权	精神生活	家庭安全
能干	做自己喜欢的事情	成熟的爱	礼尚往来
有抱负	**普遍价值观**	人生意义	健康
影响力	环境保护	**传统价值观**	归属感
聪明	美好的世界	虔诚	
自尊	融入大自然	接受命运的安排	
享乐价值观	胸怀宽广	谦虚	
愉快	社会公正	中庸	
享受人生	智慧	尊重传统文化	
刺激价值观	平等	**遵从价值观**	
冒险精神	世界和平	礼貌	
多姿多彩的人生	心情安详	敬老	

根据表 5 -1 对 10 种价值观的不同解释，本次调查问卷共包括 58 条单一的价值观问题，在每个问题后都进行了相应的解释，每种价值观包含不同的价值观问题。普遍性价值观包含 9 个问题，分别是平等（大家机会均等）、心情安详（内心平静）、世界和平（没有战争与冲突）、融入大自然、智慧（对人生成熟的理解）、美好的世界（感受大自然和艺术的美）、环境保护（保护大自然）、社会公正（纠正社会上的不公正现象，扶危助弱）、胸怀宽广（能

包容不同的思想和信仰）；慈善价值观共有 9 个问题，分别是乐于助人（热心公益）、真正的友谊（亲密无间、支持你的朋友）、忠诚（对朋友、集体忠心耿耿）、有责任感（可信赖，可依靠）、诚实（真实、诚恳）、精神生活（生活中强调精神而非物质的东西）、人生意义（人生目标）、成熟的爱（情绪和心理均完善发展的爱）、宽宏大量（懂得宽恕别人）；遵从价值观共有 5 个问题，分别是礼貌（有礼节，良好的举止）、敬老（尊重父母与长辈）、服从（不辱使命，尽忠职守）、自律（自我约束，拒绝诱惑）、遵守社会规范（维护面子）；传统价值观共有 5 个问题，分别是接受命运的安排（顺从人生境遇，随遇而安）、中庸（避免极端的感情行为）、尊重传统文化（保留流传已久的文化）、谦虚（虚心不自满，内敛）、虔诚（忠于宗教信仰和信念）；安全价值观共有 7 个问题，分别是健康（生理和心理上的健康）、清洁（干净、整洁）、家庭安全（保护自己亲属的安全）、社会秩序（社会的安定）、国家安全（保护国家免受敌人侵略）、归属感（感受到别人对自己的关心）、礼尚往来（不欠人情债）；权力价值观共有 5 个问题，分别是社会权力（控制与支配他人的权力）、富有（拥有物质和金钱）、社会的认可（得到别人的尊重和承认）、保持自我公众形象（在大众面前保持自己美好的一面）、权力（发号施令的权力和地位）；成就价值观共有 6 个问题，分别是成功（达到目标）、聪明（逻辑思维能力强）、自尊（对自我价值的尊重）、能干（有才能、高效率）、有抱负（有理想、有志向、敬业）、影响力（对人和事务能起作用的力量）；享乐价值观共有 2 个问题，分别是享受人生（享受食物、性、闲暇和各种精神生活）和愉快（满足欲望）；自我定向价值观共有 7 个问题，分别是独立（依靠自我、自给自足）、选择自己的目标（选择个人的志向）、好奇心（对万物感兴趣，喜欢探索）、自由（行动及思想的自由）、创造力（独创性、想象力）、隐私权（拥有属于自己私人空间的权力）、做自己喜欢的事情；刺激价值观共有 3 个问题，分别是刺激的生活（一些刺激生活经历）、多姿多彩的人生（充满挑战、新奇与变化）、冒险精神（不怕危难，勇于挑战）。被访者根据自身情况分别对 58 个价值观问题从 1—6 进行打分，分数越高则表示该价值观越重要。

2. 因变量

本章研究的因变量是公益行为，根据本书对公益行为的界定，将公益行为分为参加志愿帮扶活动、捐款、捐物和献血这 4 种行为，具体到对应的问卷的选项为“过去一年中，您是否参加过志愿服务活动”“过去一年中，您是否参加过捐款活动”“过去一年中，您是否参加过捐物活动”“您是否曾献过血”这 4 个问题。

3. 控制变量

根据相关文献研究，本研究拟将年龄、性别、工作情况、婚姻状况、教育程度、宗教信仰、政治面貌、户籍、人均可支配收入、被访者的健康状况、幸福感、组织成员等变量作为控制变量。

综上所述，所有变量的测量指标如表 5－2 所示：

表 5－2　变量测量指标汇总表

变量名称	类型	测量指标
自变量		
普遍性价值观	连续变量	共有 9 个问题，分别是平等（大家机会均等）、心情安详（内心平静）、世界和平（没有战争与冲突）、融入大自然、智慧（对人生成熟的理解）、美好的世界（感受大自然和艺术的美）、环境保护（保护大自然）、社会公正（纠正社会上的不公正现象，扶危助弱）、胸怀宽广（能包容不同的思想和信仰）。被访者根据自身情况分别对这 9 个价值观问题从 1—6 进行打分，分数越高则表示重要性越高
慈善价值观	连续变量	共有 9 个问题，分别是乐于助人（热心公益）、真正的友谊（亲密无间、支持你的朋友）、忠诚（对朋友、集体忠心耿耿）、有责任感（可信赖，可依靠）、诚实（真实、诚恳）、精神生活（生活中强调精神而非物质的东西）、人生意义（人生目标）、成熟的爱（情绪和心理均完善发展的爱）、宽宏大量（懂得宽恕别人）。被访者根据自身情况分别对这 9 个价值观问题从 1—6 进行打分，分数越高则表示重要性越高
传统价值观	连续变量	共有 5 个问题，分别是接受命运的安排（顺从人生境遇，随遇而安）、中庸（避免极端的感情行为）、尊重传统文化（保留流传已久的文化）、谦虚（虚心不自满，内敛）、虔诚（忠于宗教信仰和信念）。被访者根据自身情况分别对这 5 个价值观问题从 1—6 进行打分，分数越高则表示重要性越高

续表

变量名称	类型	测量指标
遵从价值观	连续变量	共有5个问题，分别是礼貌（有礼节，良好的举止）、敬老（尊重父母与长辈）、服从（不辱使命，尽忠职守）、自律（自我约束、拒绝诱惑）、遵守社会规范（维护面子）。被访者根据自身情况分别对这5个价值观问题从1—6进行打分，分数越高则表示重要性越高
安全价值观	连续变量	共有7个问题，分别是健康（生理和心理上的健康）、清洁（干净、整洁）、家庭安全（保护自己亲属的安全）、社会秩序（社会的安定）、国家安全（保护国家免受敌人侵略）、归属感（感受到别人对自己的关心）、礼尚往来（不欠人情债）。被访者根据自身情况分别对这7个价值观问题从1—6进行打分，分数越高则表示重要性越高
权力价值观	连续变量	共有5个问题，分别是社会权力（控制与支配他人的权力）、富有（拥有物质和金钱）、社会的认可（得到别人的尊重和承认）、保持自我公众形象（在大众面前保持自己美好的一面）、权力（发号施令的权力和地位）。被访者根据自身情况分别对这5个价值观问题从1—6进行打分，分数越高则表示重要性越高
成就价值观	连续变量	共有6个问题，分别是成功（达到目标）、聪明（逻辑思维能力强）、自尊（对自我价值的尊重）、能干（有才能、高效率）、有抱负（有理想、有志向、敬业）、影响力（对人和事务能起作用的力量）。被访者根据自身情况分别对这6个价值观问题从1—6进行打分，分数越高则表示重要性越高
享乐价值观	连续变量	共有2个问题，分别是享受人生（享受食物、性、闲暇和各种精神生活）和愉快（满足欲望）。被访者根据自身情况分别对这2个价值观问题从1—6进行打分，分数越高则表示重要性越高
刺激价值观	连续变量	共有3个问题，分别是刺激的生活（一些刺激生活经历）、多姿多彩的人生（充满挑战、新奇与变化）、冒险精神（不怕危难，勇于挑战）。被访者根据自身情况分别对这3个价值观问题从1—6进行打分，分数越高则表示重要性越高
自我定向价值观	连续变量	共有7个问题，分别是独立（依靠自我、自给自足）、选择自己的目标（选择个人的志向）、好奇心（对万物感兴趣，喜欢探索）、自由（行动及思想的自由）、创造力（独创性、想象力）、做自己喜欢的事情、隐私权（拥有属于自己私人空间的权力）。被访者根据自身情况分别对这7个价值观问题从1—6进行打分，分数越高则表示重要性越高
因变量		
志愿服务参加情况	二分变量	过去一年中，您是否参加志愿服务活动？（否编码为0；是编码为1）

续表

变量名称	类型	测量指标
捐款活动参加情况	二分变量	过去一年中，您是否参加过捐款活动？（否编码为0；是编码为1）
捐物活动参加情况	二分变量	过去一年中，您是否参加过捐物活动？（否编码为0；是编码为1）
献血活动参加情况	二分变量	您是否曾献过血？（否编码为0；是编码为1）
控制变量		
年龄	连续变量	被访者的年龄
人均可支配收入	连续变量	人均可支配收入
性别	虚拟变量	男性编码为0；女性编码为1，以男性为参照组
婚姻状况	虚拟变量	已婚、离婚、未婚、其他，以未婚为参照组
教育程度	虚拟变量	小学及以下、小学至高中、高中以上，以高中以上为参照组
宗教信仰	虚拟变量	无宗教信仰编码为0；有宗教信仰编码为1，以无宗教信仰为参照组
政治面貌	虚拟变量	不是中共党员编码为0；是中共党员编码为1，以不是中共党员为参照组
工作情况	虚拟变量	工作、不工作、灵活就业，以不工作为参照组
户籍	虚拟变量	农村户籍编码为0；城市户籍编码为1，以农村户籍为参照组
协会、学会、社团或俱乐部等成员	虚拟变量	不是编码为0；是则编码为1，以不是协会、学会、社团或俱乐部等成员为参照组
社区文娱团体成员	虚拟变量	不是编码为0；是则编码为1，以不是社区文娱团体成员为参照组
邻里互助组织成员	虚拟变量	不是编码为0；是则编码为1，以不是邻里互助组织成员为参照组
志愿公益组织活动的参与者或志愿者	虚拟变量	不是编码为0；是则编码为1，以不是志愿公益组织活动的参与者或志愿者为参照组
健康状况	虚拟变量	好、一般、差，以差为参照组
生活的幸福感	虚拟变量	幸福、一般、不幸福，以不幸福为参照组
愿意参加志愿服务	虚拟变量	否编码为0；是则编码为1，以不愿意参加志愿服务为参照组
愿意为社会公益事业捐款	虚拟变量	否编码为0；是则编码为1，以不愿意为社会公益事业捐款为参照组
愿意为社会公益事业捐赠物品	虚拟变量	否编码为0；是则编码为1，以不愿意为社会公益事业捐赠物品为参照组
愿意参加献血活动	虚拟变量	否编码为0；是则编码为1，以不愿意参加献血活动为参照组

四、研究内容与研究假设

本研究以2013年北京师范大学社会发展与公共政策学院在中国27个城市、108个社区通过多阶段分层随机抽样进行的问卷调查数据为基础，首先，通过对样本的描述性统计分析，发现当前中国城市居民的基本特征、价值观得分情况以及城市居民参加志愿服务活动、捐款活动、捐物活动和献血活动的情况。

其次，通过对城市居民的人口统计学变量、价值观得分情况与城市居民参加志愿服务活动、捐款活动、捐物活动和献血活动的情况进行相关性检验，探讨之间的相关性，为下一步进行回归分析奠定基础。随后，根据因变量的情况，选择Logistic回归分析模型，对城市居民公益行为的影响因素尤其是价值观分别进行分析，得出相应的结论。

最后，根据有显著相关性的变量，从价值观的角度有针对性地提出一些改善居民公益行为的相关路径和机制。

施瓦茨的价值观理论及相关实证研究表明，强调自我提高维度的价值观会阻碍亲社会行为，而强调自我超越维度的价值观会鼓励亲社会行为的发生，开放性和保守性维度的价值观则并不显著。同样，强调贡献和关心的行为与普遍性价值观和慈善价值观正相关，而与促进自我利益的自我提高维度的价值观（权力价值观、成就价值观和享乐价值观）呈负相关。据此，本书提出以下假设：

假设1：普遍性价值观与个人公益行为呈现出显著性正相关，即普遍性价值观得分高的城市居民，其参加志愿服务活动、捐款、捐物和献血的可能性更高。

假设2：慈善价值观与个人公益行为呈现出显著性正相关，即慈善价值观得分高的城市居民，其参加志愿服务活动、捐款、捐物和献血的可能性更高。

假设3：权力价值观与个人公益行为呈现出显著性负相关，即权力价值观得分高的城市居民，其参加志愿服务活动、捐款、捐物和献血的可能性较低。

假设4：成就价值观与个人公益行为呈现出显著性负相关，即成就价值观得分高的城市居民，其参加志愿服务活动、捐款、捐物和献血的可能性较低。

假设5：享乐价值观与个人公益行为呈现出显著性负相关，即享乐价值观得分高的城市居民，其参加志愿服务活动、捐款、捐物和献血的可能性较低。

五、数据分析模型

根据文献及所研究数据，拟用图5－2的研究模型来分析城市居民个人的价值观对其公益行为的影响，同时选取年龄、性别、人均可支配收入、婚姻状况、教育程度、宗教信仰、政治面貌、户籍、公益行为的主观意愿、被访者的健康状况、幸福感、组织成员等变量作为控制变量加入模型中。

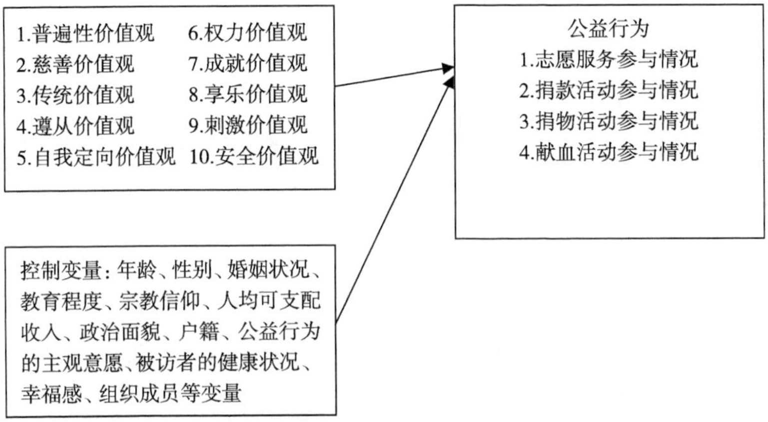

图5－2　研究模型图

本研究选择的因变量是志愿服务的参与情况、捐款活动的参与情况、捐物活动的参与情况和献血活动的参与情况这4个不同的变量，自变量是10种不同类型的价值观，控制变量为年龄、性别、婚姻状况、教育程度、宗教信仰、政治面貌、户籍、公益行为的主观意愿、被访者的健康状况、幸福感、组织成员等变量。在考虑到多重共线性及因变量的不同取值后，分别建构不同的回归方程，具体如下：

1. 志愿服务的参与情况

志愿服务的参与情况为二分变量，因此选择用Logistic回归模型。以是否参与志愿服务活动为因变量（Y）；以10种价值观为自变量；以性别＝X_{11}，年龄＝X_{12}，中共党员＝X_{13}，宗教信仰＝X_{14}，城市户籍＝X_{15}，工作＝X_{16}，灵

活就业 $=X_{17}$，小学及以下 $=X_{18}$，小学至高中 $=X_{19}$，已婚 $=X_{20}$，离婚 $=X_{21}$，其他 $=X_{22}$，愿意参加志愿服务活动 $=X_{23}$，身体状况良好 $=X_{24}$，身体状况一般 $=X_{25}$，生活得幸福 $=X_{26}$，生活得一般幸福 $=X_{27}$，参与协会、学会、社团 $=X_{28}$，参与社区文娱团体 $=X_{29}$，参与邻里互助组织 $=X_{30}$，志愿公益组织的参与者或志愿者 $=X_{31}$，人均可支配收入 $=X_{32}$ 等为控制变量。

假设条件概率 $P(y=1 \mid x)=p$ 为根据观测量对于参加志愿服务活动发生的概率，那么参加志愿服务活动的 Logistic 回归模型可以表示为：

$$\pi(x)=P(y=1 \mid x)=\frac{1}{1+e^{-g(x)}}$$

其中 $g(x)=\alpha+\beta_1 x_1+\cdots+\beta_{32} x_{32}$。

2. 捐款活动的参与情况

捐款活动的参与情况为二分变量，因此选择用 Logistic 回归模型。以是否参加捐款活动为因变量（Y）；以 10 种价值观为自变量；以性别 $=X_{11}$，年龄 $=X_{12}$，中共党员 $=X_{13}$，宗教信仰 $=X_{14}$，城市户籍 $=X_{15}$，工作 $=X_{16}$，灵活就业 $=X_{17}$，小学及以下 $=X_{18}$，小学至高中 $=X_{19}$，已婚 $=X_{20}$，离婚 $=X_{21}$，其他 $=X_{22}$，愿意参加捐款活动 $=X_{23}$，身体状况良好 $=X_{24}$，身体状况一般 $=X_{25}$，生活得幸福 $=X_{26}$，生活得一般幸福 $=X_{27}$，参与协会、学会、社团 $=X_{28}$，参与社区文娱团体 $=X_{29}$，参与邻里互助组织 $=X_{30}$，志愿公益组织的参与者或志愿者 $=X_{31}$，人均可支配收入 $=X_{32}$ 等为控制变量。

假设条件概率 $P(y=1 \mid x)=p$ 为根据观测量对于参加捐款活动发生的概率，那么参加捐款活动的 Logistic 回归模型可以表示为：

$$\pi(x)=P(y=1 \mid x)=\frac{1}{1+e^{-g(x)}}$$

其中 $g(x)=\alpha+\beta_1 x_1+\cdots+\beta_{32} x_{32}$。

3. 捐物活动的参与情况

捐物活动的参与情况为二分变量，因此选择用 Logistic 回归模型。以是否参加捐物活动为因变量（Y）；以 10 种价值观为自变量；以性别 $=X_{11}$，年龄 $=X_{12}$，中共党员 $=X_{13}$，宗教信仰 $=X_{14}$，城市户籍 $=X_{15}$，工作 $=X_{16}$，灵活就业 $=X_{17}$，小学及以下 $=X_{18}$，小学至高中 $=X_{19}$，已婚 $=X_{20}$，离婚 $=X_{21}$，其

他 $=X_{22}$，愿意参加捐物活动 $=X_{23}$，身体状况良好 $=X_{24}$，身体状况一般 $=X_{25}$，生活得幸福 $=X_{26}$，生活得一般幸福 $=X_{27}$，参与协会、学会、社团 $=X_{28}$，参与社区文娱团体 $=X_{29}$，参与邻里互助组织 $=X_{30}$，志愿公益组织的参与者或志愿者 $=X_{31}$，人均可支配收入 $=X_{32}$ 等为控制变量。

假设条件概率 $P(y=1 \mid x)=p$ 为根据观测量对于参加捐物活动发生的概率，那么参加捐物活动的 Logistic 回归模型可以表示为：

$$\pi(x)=P(y=1 \mid x)=\frac{1}{1+e^{-g(x)}}$$

其中 $g(x)=\alpha+\beta_1 x_1+\cdots+\beta_{32} x_{32}$。

4. 献血活动的参与情况

献血活动的参与情况为二分变量，因此选择用 Logistic 回归模型。以是否参加献血活动为因变量（Y）；以 10 种价值观为自变量；以性别 $=X_{11}$，年龄 $=X_{12}$，中共党员 $=X_{13}$，宗教信仰 $=X_{14}$，城市户籍 $=X_{15}$，工作 $=X_{16}$，灵活就业 $=X_{17}$，小学及以下 $=X_{18}$，小学至高中 $=X_{19}$，已婚 $=X_{20}$，离婚 $=X_{21}$，其他 $=X_{22}$，愿意参加献血活动 $=X_{23}$，身体状况良好 $=X_{24}$，身体状况一般 $=X_{25}$，生活得幸福 $=X_{26}$，生活得一般幸福 $=X_{27}$，参与协会、学会、社团 $=X_{28}$，参与社区文娱团体 $=X_{29}$，参与邻里互助组织 $=X_{30}$，志愿公益组织的参与者或志愿者 $=X_{31}$，人均可支配收入 $=X_{32}$ 等为控制变量。

假设条件概率 $P(y=1 \mid x)=p$ 为根据观测量对于参加献血活动发生的概率，那么参加献血活动的 Logistic 回归模型可以表示为：

$$\pi(x)=P(y=1 \mid x)=\frac{1}{1+e^{-g(x)}}$$

其中 $g(x)=\alpha+\beta_1 x_1+\cdots+\beta_{32} x_{32}$。

第五节　研究结果

本研究运用 Stata14.0 在对数据进行删失、去除极端值后，进行了描述统计分析、相关分析和 Logistic 回归分析等多方面的分析，其结果如下：

一、描述统计

表5-3 被访者基本特征（$N=5277$）

变量	分类	频数	百分比（%）	均值	标准差
控制变量					
性别	女	2683	51.09		
	男	2569	48.91		
年龄				48.49	13.78
人均可支配收入				2.32	1.51
婚姻状况	已婚	4140	78.69		
	离婚	276	5.25		
	未婚	506	9.62		
	其他	339	6.44		
教育程度	小学及以下	430	8.22		
	小学至高中	3113	59.51		
	高中以上	1688	32.27		
宗教信仰	有	394	7.50		
	无	4860	92.50		
中共党员	是	1234	23.53		
	否	4010	76.47		
工作情况	工作	2526	48.32		
	不工作	2062	39.44		
	灵活就业	640	12.24		
户籍情况	农村	404	7.68		
	城市	4857	92.32		
协会、学会、社团或俱乐部等成员	是	300	5.86		
	否	4823	94.14		
社区文娱团体成员	是	499	9.73		
	否	4631	90.27		
邻里互助组织成员	是	828	16.14		
	否	4302	83.86		
志愿公益组织活动的参与者或志愿者	是	1717	33.32		
	否	3436	66.68		

续表

变量	分类	频数	百分比（%）	均值	标准差
健康状况	好	3481	66.70		
	一般	1490	28.55		
	差	248	4.75		
生活的幸福感	幸福	3315	63.29		
	一般	1784	34.06		
	不幸福	139	2.65		
愿意参加志愿服务	是	2825	53.72		
	否	2434	46.28		
愿意为社会公益事业捐款	是	2953	56.20		
	否	2301	43.80		
愿意为社会公益事业捐赠物品	是	3621	71.52		
	否	1442	28.48		
愿意参加献血活动	是	1939	37.12		
	否	3285	62.88		
因变量					
参加志愿服务活动情况	是	2121	40.19		
	否	3156	59.81		
参加捐款活动情况	是	2553	48.78		
	否	2681	51.22		
参加捐物活动情况	是	1398	26.70		
	否	3837	73.30		
参加献血活动情况	是	865	16.61		
	否	4342	83.39		
自变量					
普遍价值观				5.00	
慈善价值观				4.98	
传统价值观				4.60	
遵从价值观				5.08	
安全价值观				5.23	
权力价值观				4.59	
成就价值观				4.91	
享乐价值观				4.89	

续表

变量	分类	频数	百分比（%）	均值	标准差
刺激价值观				4.08	
自我定向价值观				4.93	

通过表5-3可知，在此样本中：女性为2683人，占总人数的51.09%；男性为2569人，占总人数的48.91%。由此可见，女性仍然是当前公益慈善领域主要的参与者。同时样本中被访者的年龄均值为48.49，表明该样本中被访者整体年龄偏于中年。在婚姻状况中，已婚的有4140人，占总人数的78.69%；离婚的有276人，占总人数的5.25%；未婚的有506人，占总人数的9.62%；其他的有339人，占总人数的6.44%。由此可见，已婚人群在有了一定的经济基础且家庭稳定后，参与公益慈善事业的人数较多。在教育程度上，小学及以下的有430人，占总人数的8.22%；小学至高中的有3113人，占总人数的59.51%；高中以上的有1688人，占总人数的32.27%。在宗教信仰情况上，有394人有宗教信仰，占总人数的7.50%；而4860人没有宗教信仰，占总人数的92.50%。由数据可以看出，大多数被访者并没有宗教信仰。在共产党员这一情况上，有1234人是中共党员，占总人数的23.53%；而4010人并不是中共党员，占总人数的76.47%。在工作情况上，2526人有工作，占总人数的48.32%；2062人选择不工作，占总人数的39.44%；640人选择灵活就业，占总人数的12.24%。在户籍方面，拥有城市户籍的人有4857人，占总人数的92.32%；而拥有农村户籍的人有404人，占总人数的7.68%。这也与本次调查以城市居民为主相符。在组织的参与情况中，是协会、学会、社团或俱乐部成员的有300人，占总人数的5.86%；是社区文娱团体成员的有499人，占总人数的9.73%；是邻里互助组织成员的有828人，占总人数的16.14%；是志愿公益组织活动的参与者或志愿者的有1717人，占总人数的33.32%。由此可见，志愿公益组织活动的参与者或志愿者占组织内群体的大多数。在健康状况方面，身体好的人有3481人，占总人数的66.70%；身体一般的人有1490人，占总人数的28.55%；身体差的人有248人，占总人数的4.75%。在幸福感方面，生活得幸福的人数为3315人，占总人数的63.29%；生活得一般幸福的人有1784人，占总人数的34.06%；生活

得不幸福的人有 139 人，占总人数的 2.65%。

同时，在志愿服务参与情况上，2121 人参加了志愿服务活动，占总人数的 40.19%；3156 人没有参加志愿服务活动，占总人数的 59.81%。在捐款活动参与情况中，过去一年中，有 2553 人参与了捐款活动，占总人数的 48.78%；而有 2681 人并没有参与捐款活动，占总人数的 51.22%。在捐物活动参与情况中，过去一年中，有 1398 人参与了捐物活动，占总人数的 26.70%；而有 3837 人并没有参与捐物活动，占总人数的 73.30%。在献血活动参与情况中，有 865 人参与了献血活动，占总人数的 16.61%；而 4342 人并没有参与献血活动，占总人数的 83.39%。由此可见，目前我国城市居民的公益行为较多集中在捐款活动和参加志愿服务活动上，而参加捐物活动和献血活动的人员较少，产生这种现象的原因主要是受提供参与活动的渠道和途径影响。

最后，根据数据显示，10 种价值观的项目均值分别为：5.00、4.98、4.60、5.08、5.23、4.59、4.91、4.89、4.08、4.93。由此可见，目前我国城市居民安全价值观、遵从价值观和普遍价值观在 10 种价值观中处于重要位置，与文献中我国价值观偏保守，“集体主义”价值观仍占据主要位置相一致。

二、相关性分析

在对数据进行了简单的描述统计后，随后对数据分别从人口学变量与公益行为之间、价值观与公益行为之间、4 种具体的公益行为之间分别进行了相关分析，其结果如下：

1. 人口统计学变量与公益行为之间的相关分析

表 5-4　人口统计学变量与公益行为之间的卡方检验结果表

	参加志愿服务活动		参加捐款活动		参加捐物活动		参加献血活动	
	卡方值	显著性	卡方值	显著性	卡方值	显著性	卡方值	显著性
性别	16.941	0.000	24.618	0.000	4.667	0.031	5.700	0.017
婚姻状况	36.509	0.000	38.726	0.000	26.019	0.000	32.851	0.000
教育程度	123.525	0.000	272.618	0.000	80.765	0.000	163.428	0.000

续表

	参加志愿服务活动		参加捐款活动		参加捐物活动		参加献血活动	
	卡方值	显著性	卡方值	显著性	卡方值	显著性	卡方值	显著性
宗教信仰	37.501	0.000	24.431	0.000	77.649	0.000	21.417	0.001
中共党员	186.999	0.000	153.317	0.000	28.431	0.000	43.235	0.000
工作情况	73.421	0.000	143.823	0.000	30.051	0.000	137.572	0.000
户籍情况	92.179	0.000	93.229	0.000	36.712	0.000	25.046	0.000

表5－4反映了人口统计学变量与参加志愿服务活动、参加捐款活动、参加捐物活动和参加献血活动这4种具体的公益行为之间的相关性，在显著性为0.05的情况下，性别、婚姻状况、教育程度、宗教信仰、中共党员、工作情况和户籍情况的显著性均小于0.05，则拒绝原假设，即性别、婚姻状况、教育程度、宗教信仰、中共党员、工作情况和户籍情况与参加志愿服务活动、参加捐款活动、参加捐物活动和参加献血活动相关。

2. 公益行为之间的相关分析

随后对4种具体的公益行为之间进行相关分析，得到表5－5的结果：

表5－5　公益行为之间的卡方检验结果表

	参加捐款活动		参加捐物活动		参加献血活动	
	卡方值	显著性	卡方值	显著性	卡方值	显著性
参加志愿服务活动	1.4e+03	0.000	888.569	0.000	358.454	0.000

表5－5反映了4种具体的公益行为之间的相关性，在显著性为0.05的情况下，参加志愿服务活动的显著性小于0.05，则拒绝原假设，即参加志愿服务活动与参加捐款活动、参加捐物活动和参加献血活动相关。

3. 价值观与公益行为之间的相关分析

随后对10种价值观和4种具体公益行为进行相关检验，得到表5－6的结果：

表 5－6　10 种价值观与公益行为之间的相关分析表

	1	2	3	4	5	6	7	8	9	10
1	1.000									
2	0.867**	1.000								
3	0.744**	0.775**	1.000							
4	0.797**	0.862**	0.736**	1.000						
5	0.812**	0.818**	0.616**	0.809**	1.000					
6	0.622**	0.637**	0.657**	0.606**	0.541**	1.000				
7	0.797**	0.852**	0.766**	0.810**	0.721**	0.696**	1.000			
8	0.595**	0.642**	0.561**	0.579**	0.586**	0.619**	0.606**	1.000		
9	0.554**	0.558**	0.624**	0.474**	0.361**	0.667**	0.645**	0.439**	1.000	
10	0.820**	0.854**	0.753**	0.802**	0.749**	0.692**	0.862**	0.646**	0.658**	1.000
11	0.173**	0.177**	0.107**	0.172**	0.149**	0.025	0.127**	0.034**	0.072**	0.126**
12	0.155**	0.178**	0.099**	0.181**	0.151**	0.022	0.133**	0.019	0.050**	0.127**
13	0.130**	0.142**	0.102**	0.140**	0.111**	0.042**	0.106**	0.049**	0.061**	0.117**
14	0.088**	0.101**	0.087**	0.101**	0.055**	0.062**	0.099**	0.039**	0.109**	0.097**

注：** 表示在 0.05 水平上达到显著性相关。其中：1 = 普遍价值观；2 = 慈善价值观；3 = 传统价值观；4 = 遵从价值观；5 = 安全价值观；6 = 权力价值观；7 = 成就价值观；8 = 享乐价值观；9 = 刺激价值观；10 = 自我定向价值观；11 = 参加志愿服务活动；12 = 参加捐款活动；13 = 参加捐物活动；14 = 参加献血活动。

表 5－6 反映了在显著性水平为 0.05 的条件下，10 种价值观内部之间以及与公益行为之间的相关性情况。在参加志愿服务情况中，除权力价值观与参加志愿服务活动没有相关关系外，其余 9 种价值观均与参加志愿服务活动情况呈现显著性正相关。在参与捐款活动情况中，除权力价值观和享乐价值观与参加捐款活动没有相关关系外，其余 8 种价值观均与参加捐款活动具有显著性正相关。在参与捐物活动情况中，10 种价值观与参与捐物活动情况呈现显著性正相关。在参与献血活动情况中，10 种价值观与参与献血呈现显著性正相关。并且，10 种价值观之间的相关性较强，呈现出较强的正相关，在方程中存在共线性，于是采用逐步回归的方式消除模型中存在的多重共线性问题。逐步回归是指将变量一个一个地逐步加入回归模型中，在这个过程中每新加入一个解释变量都要进行 F 检验，并且对已存在模型中的解释变量逐个进行 t 检验。检验后，显著的变量将留在模型内，而不显著的变量则会排除

在模型外，整个过程直到所有的解释变量都经过检验后不再出现新的显著变量和剔除新的不显著变量后才算结束。留在模型内的解释变量集是显著的且避免了解释变量之间存在的多重共线性问题。

三、回归分析

1. 参加志愿服务活动的情况回归分析

将因变量 Y = 是否参加志愿服务、10种价值观，以及性别 $= X_{11}$，年龄 $= X_{12}$，中共党员 $= X_{13}$，宗教信仰 $= X_{14}$，城市户籍 $= X_{15}$，工作 $= X_{16}$，灵活就业 $= X_{17}$，小学及以下 $= X_{18}$，小学至高中 $= X_{19}$，已婚 $= X_{20}$，离婚 $= X_{21}$，其他 $= X_{22}$，愿意参加志愿服务活动 $= X_{23}$，身体状况良好 $= X_{24}$，身体状况一般 $= X_{25}$，生活得幸福 $= X_{26}$，生活得一般幸福 $= X_{27}$，参与协会、学会、社团 $= X_{28}$，参与社区文娱团体 $= X_{29}$，参与邻里互助组织 $= X_{30}$，志愿公益组织的参与者或志愿者 $= X_{31}$，人均可支配收入 $= X_{32}$ 等控制变量代入方程为 $\pi(x) = P(y = 1 \mid x) = \frac{1}{1 + e^{-g(x)}}$ 的 Logistic 模型中去，随后采取逐步回归的方式进行计算，得到表5－7的结果：

表5－7　参加志愿服务活动的Logistic回归模型结果表

自变量	回归系数	OR值	标准误差	显著性水平	Z 值
愿意参加志愿服务活动	3.193	24.380	2.859	0.000	27.24
享乐价值观	－0.068	0.934	0.030	0.034	－2.12
慈善价值观	0.026	1.026	0.009	0.005	2.80
党员	0.489	1.631	0.174	0.000	4.59
城市户籍	0.544	1.722	0.363	0.010	2.58
工作	0.207	1.230	0.119	0.033	2.14
生活得幸福	0.953	2.594	0.821	0.003	3.01
生活得一般幸福	0.770	2.160	0.696	0.017	2.39
协会、学会、社团成员	0.723	2.062	0.449	0.001	3.32
邻里互助组织成员	0.606	1.834	0.260	0.000	4.28
志愿公益组织的参与者或志愿者	1.772	5.883	0.623	0.000	16.72
小学至高中	0.204	1.226	0.123	0.042	2.03

续表

自变量	回归系数	OR 值	标准误差	显著性水平	Z 值
常数项	-5.546	0.004	0.002	0.000	-10.93
样本量					4280
调整后的R^2					0.465

由表 5-7 可知，在此回归模型中，样本量为 4280 个，调整后的判定系数$R^2=0.465$，即该 12 个变量一共可以解释“参加志愿服务活动”校标变量 46.50%的变异量。经过逐步回归后，在显著性水平为 0.05 的情况下，共有 12 个变量与参加志愿活动呈现显著性相关，其中城市居民参与志愿服务的意愿、慈善价值观、党员、城市户籍、工作、生活得幸福、生活得一般幸福、协会、学会、社团成员、邻里互助组织成员、志愿公益组织的参与者或志愿者和小学至高中教育程度与参加志愿服务活动呈现显著性正相关，回归系数分别为 3.193、0.026、0.489、0.544、0.207、0.953、0.770、0.723、0.606、1.772 和 0.204；而享乐价值观与参与志愿服务呈现显著性负相关，回归系数为 -0.068。

同时，根据表 5-7 得到的 OR 值结果，可以得出：在控制了其他变量的情况下，愿意参加志愿服务活动的人参加志愿服务活动的可能性是不愿意参加志愿服务活动的人的 24.38 倍；享乐价值观的得分每增加 1 个单位，其参加志愿服务活动的可能性是原来的 0.934 倍；慈善价值观的得分每增加 1 个单位，其参加志愿服务活动的可能性是原来的 1.026 倍；中共党员参加志愿服务活动的可能性是非中共党员的 1.631 倍；城市户籍参加志愿服务活动的可能性是农村户籍的 1.722 倍；有工作的人参加志愿服务活动的可能性是不工作的人的 1.230 倍；生活幸福的人参加志愿服务活动的可能性是生活不幸福的人的 2.594 倍；生活一般幸福的人参加志愿服务活动的可能性是生活不幸福的人的 2.160 倍；协会、学会、社团成员参加志愿服务活动的可能性是非协会、学会、社团成员的 2.062 倍；邻里互助组织成员参加志愿服务活动的可能性是非邻里互助组织成员的 1.834 倍；志愿公益组织的参与者或志愿者参加志愿服务活动的可能性是非志愿公益组织的参与者或志愿者的 5.883 倍；小学至高中教育程度的人参加志愿服务活动的可能性是高中教育程度以上的人的1.226倍。

2. 参加志愿服务活动Logistic回归模型的有效性检验

随后通过计算参加志愿服务活动的Logistic回归模型预测的百分比来进行模型的有效性检验，得到表5－8所示的结果：

表5－8　参加志愿服务活动的Logistic回归模型预测表

		预测是否参加志愿服务活动		准确分类百分比（%）
		0	1	
观察是否参加志愿服务活动	0	2288	382	85.69
	1	330	1280	79.50
总的预测正确率				83.36

表5－8的结果表明，当用这12个变量作为参加志愿服务活动的Logistic回归方程的解释变量时，该模型对于不参加志愿服务活动的预测率为85.69%，对于参加志愿服务活动的预测率为79.50%，模型总的预测率为83.36%，得到的结果较为满意，即预测结果和实际结果较为符合，且该模型的拟合程度较好。

3. 参加捐款活动的情况回归分析

将因变量Y=是否参加捐款活动、10种价值观，以及性别$=X_{11}$，年龄$=X_{12}$，中共党员$=X_{13}$，宗教信仰$=X_{14}$，城市户籍$=X_{15}$，工作$=X_{16}$，灵活就业$=X_{17}$，小学及以下$=X_{18}$，小学至高中$=X_{19}$，已婚$=X_{20}$，离婚$=X_{21}$，其他$=X_{22}$，愿意参加捐款活动$=X_{23}$，身体状况良好$=X_{24}$，身体状况一般$=X_{25}$，生活得幸福$=X_{26}$，生活得一般幸福$=X_{27}$，参与协会、学会、社团$=X_{28}$，参与社区文娱团体$=X_{29}$，参与邻里互助组织$=X_{30}$，志愿公益组织的参与者或志愿者$=X_{31}$，人均可支配收入$=X_{32}$等控制变量代入方程为$\pi(x)=P(y=1|x)=\frac{1}{1+e^{-g(x)}}$的Logistic模型中去，随后采取逐步回归的方式进行计算，得到表5－9的结果：

表 5－9　参加捐款活动的 Logistic 回归模型结果表

自变量	回归系数	OR 值	标准误差	显著性水平	Z 值
愿意参加捐款活动	2.381	10.821	0.930	0.000	27.71
性别	0.225	1.252	0.102	0.006	2.77
党员	0.209	1.233	0.121	0.033	2.13
离婚	0.675	1.964	0.403	0.001	3.29
已婚	0.342	1.407	0.171	0.005	2.82
城市户籍	0.389	1.476	0.245	0.019	2.34
小学及以下	－0.633	0.531	0.092	0.000	－3.65
小学至高中	－0.600	0.549	0.054	0.000	－6.10
普遍价值观	－0.024	0.976	0.012	0.046	－2.00
慈善价值观	0.042	1.042	0.016	0.006	2.73
遵从价值观	0.066	1.069	0.025	0.004	2.58
传统价值观	－0.035	0.966	0.015	0.025	－2.24
享乐价值观	－0.090	0.914	0.027	0.002	－3.09
生活得幸福	0.203	1.226	0.109	0.022	2.29
工作	0.425	1.530	0.136	0.000	4.77
志愿公益组织的参与者或志愿者	0.916	2.499	0.217	0.000	10.55
身体健康状况一般	0.303	1.354	0.125	0.001	3.27
常数项	－3.451	0.032	0.012	0.000	－9.14
样本量					4262
调整后的R^2					0.326

由表 5－9 可知，在此回归模型中，样本量为 4262，调整后的判定系数 $R^2=0.326$，即该 17 个变量一共可以解释"参加捐款活动"校标变量 32.60% 的变异量。经过逐步回归后，在显著性水平为 0.05 的情况下，共有 17 个变量与参加捐款活动呈现显著性相关，其中城市居民参加捐款活动的意愿、性别、中共党员、离婚、已婚、城市户籍、慈善价值观、遵从价值观、生活的幸福、工作、志愿公益组织的参与者或志愿者和身体健康状况一般与参加捐款活动呈现显著性正相关，回归系数分别为 2.381、0.225、0.209、0.675、0.342、0.389、0.042、0.066、0.203、0.425、0.916 和 0.303；而小学及以下教育程度、小学至高中教育程度、普遍价值观、传统价值观和享乐价值观与

参加捐款活动呈现出显著性负相关，回归系数为 -0.633、-0.600、-0.024、-0.035 和 -0.090。

同时，根据表 5-9 得到的 OR 值结果，可以得出：在控制了其他变量的情况下，愿意捐款的人捐款的可能性是不愿意捐款的人的 10.821 倍；女性捐款的可能性是男性的 1.252 倍；共产党员捐款的可能性是非共产党员的 1.233 倍；离婚的人捐款的可能性是未婚的人的 1.964 倍；已婚的人捐款的可能性是未婚的人的 1.407 倍；城市户籍的人捐款的可能性是农村户籍的人的 1.476 倍；小学及以下教育程度的人捐款的可能性是高中以上教育程度的人的 0.531 倍；小学至高中教育程度的人捐款的可能性是高中以上教育程度的人的 0.549 倍；普遍价值观的得分每增加 1 个单位，其捐款的可能性是原来的 0.976 倍；慈善价值观的得分每增加 1 个单位，其捐款的可能性是原来的 1.042 倍；遵从价值观的得分每增加 1 个单位，其捐款的可能性是原来的 1.069 倍；传统价值观的得分每增加 1 个单位，其捐款的可能性是原来的 0.966 倍；享乐价值观的得分每增加 1 个单位，其捐款的可能性是原来的 0.914 倍；生活幸福的人捐款的可能性是生活不幸福的人的 1.226 倍；有工作的人捐款的可能性是不工作的人的 1.530 倍；志愿公益组织的参与者或志愿者捐款的可能性是非志愿公益组织的参与者或志愿者的 2.499 倍；身体一般的人捐款的可能性是身体差的人的 1.354 倍。

4. 参加捐款活动 Logistic 回归模型的有效性检验

随后通过计算参加捐款活动的 Logistic 回归模型预测的百分比来进行模型的有效性检验，得到表 5-10 结果：

表 5-10　参加捐款活动的 Logistic 回归模型预测表

		预测是否捐款		准确分类百分比（%）
		0	1	
观察是否捐款	0	1705	346	83.13
	1	544	1667	75.40
总的预测正确率				79.12

表 5-10 的结果说明，当用这 17 个变量作为参加捐款活动的 Logistic 回归方程的解释变量时，该模型对于不参加捐款活动的预测率为 83.13%，对于

参加捐款活动的预测率为75.40%，模型总的预测率为79.12%，得到的结果较为满意，即预测结果和实际结果较为符合，且该模型的拟合程度较好。

5. 参加捐物活动的情况回归分析

将因变量 Y = 是否参加捐物活动、10种价值观，以及性别 = X_{11}，年龄 = X_{12}，中共党员 = X_{13}，宗教信仰 = X_{14}，城市户籍 = X_{15}，工作 = X_{16}，灵活就业 = X_{17}，小学及以下 = X_{18}，小学至高中 = X_{19}，已婚 = X_{20}，离婚 = X_{21}，其他 = X_{22}，愿意参加捐物活动 = X_{23}，身体状况良好 = X_{24}，身体状况一般 = X_{25}，生活得幸福 = X_{26}，生活得一般幸福 = X_{27}，参与协会、学会、社团 = X_{28}，参与社区文娱团体 = X_{29}，参与邻里互助组织 = X_{30}，志愿公益组织的参与者或志愿者 = X_{31}，人均可支配收入 = X_{32}等控制变量代入方程为 $\pi(x)=P(y=1\mid x)=\frac{1}{1+e^{-g(x)}}$ 的 Logistic 模型中去，随后采取逐步回归的方式进行计算，得到表5－11的结果：

表5－11　参加捐物活动的Logistic回归模型结果表

自变量	回归系数	OR值	标准误差	显著性水平	Z值
愿意参加捐物活动	2.199	9.018	1.364	0.000	14.54
人均可支配收入	0.053	1.054	0.027	0.039	2.06
身体健康状况一般	0.226	1.254	0.109	0.009	2.62
宗教信仰	0.758	2.135	0.311	0.000	5.21
城市户籍	0.384	1.468	0.267	0.035	2.11
社区文娱团体成员	0.341	1.407	0.171	0.005	2.81
志愿公益组织的参与者或志愿者	0.724	2.062	0.168	0.000	8.87
慈善价值观	0.025	1.025	0.129	0.047	1.99
遵从价值观	0.060	1.062	0.025	0.010	2.56
安全价值观	－0.038	0.963	0.015	0.018	－2.36
离婚	－0.416	0.660	0.126	0.029	－2.18
常数项	－5.102	0.006	0.002	0.000	－12.70
样本量					4125
调整后的R^2					0.155

由表5－11可知，在此回归模型中，样本量为4125，调整后的判定系

数$R^2=0.155$，即该11个变量一共可以解释“参加捐物活动”校标变量15.50%的变异量。经过逐步回归后，在显著性水平为0.05的情况下，共有11个变量与参与捐款活动呈现显著性相关，其中城市居民参加捐物活动的意愿、人均可支配收入、身体健康状况一般、宗教信仰、城市户籍、社区文娱团体成员、志愿公益组织的参与者或志愿者、慈善价值观和遵从价值观与参加捐物活动呈现显著性正相关，回归系数分别为2.199、0.053、0.226、0.758、0.384、0.341、0.724、0.025和0.060；而安全价值观和离婚与参加捐物活动呈现出显著性负相关，回归系数分别为-0.038和-0.416。

同时，根据表5-11得到的OR值结果，可以得出：在控制了其他变量的情况下，愿意参加捐物活动的人捐物的可能性是不愿意捐物的人的9.018倍；人均可支配收入每增加1万元，其捐物的可能性是原来的1.054倍；身体健康状况一般的人捐物的可能性是身体健康状况差的人的1.254倍；有宗教信仰的人捐物的可能性是没有宗教信仰的人的2.135倍；城市户籍的人捐物的可能性是农村户籍的人的1.468倍；社区文娱团体成员捐物的可能性是非社区文娱团体成员的1.407倍；志愿公益组织的参与者或志愿者捐物的可能性是非志愿公益组织的参与者或志愿者的2.062倍；慈善价值观的得分每增加1个单位，其捐物的可能性是原来的1.025倍；遵从价值观的得分每增加1个单位，其捐物的可能性是原来的1.062倍；安全价值观的得分每增加1个单位，其捐物的可能性是原来的0.963倍；离婚的人捐物的可能性是未婚的人的0.660倍。

6. 参加捐物活动Logistic回归模型的有效性检验

随后通过计算参加捐物活动的Logistic回归模型预测的百分比来进行模型的有效性检验，得到表5-12结果：

表5-12　参加捐物活动的Logistic回归模型预测表

		预测是否捐物		准确分类百分比（%）
		0	1	
观察是否捐物	0	2907	872	76.93
	1	164	182	52.60
总的预测正确率				74.88

表 5－12 的结果说明，当用这 11 个变量作为参加捐物活动的 Logistic 回归方程的解释变量时，该模型对于不参加捐物活动的预测率为 76.93%，对于参加捐物活动的预测率为 52.60%，模型总的预测率为 74.88%，得到的结果较为满意，即预测结果和实际结果较为符合，且该模型的拟合程度较好。

7. 参加献血活动的情况回归分析

将因变量 Y＝是否参加献血活动、10 种价值观，以及性别＝X_{11}，年龄＝X_{12}，中共党员＝X_{13}，宗教信仰＝X_{14}，城市户籍＝X_{15}，工作＝X_{16}，灵活就业＝X_{17}，小学及以下＝X_{18}，小学至高中＝X_{19}，已婚＝X_{20}，离婚＝X_{21}，其他＝X_{22}，愿意参加献血活动＝X_{23}，身体状况良好＝X_{24}，身体状况一般＝X_{25}，生活得幸福＝X_{26}，生活得一般幸福＝X_{27}，参与协会、学会、社团＝X_{28}，参与社区文娱团体＝X_{29}，参与邻里互助组织＝X_{30}，志愿公益组织的参与者或志愿者＝X_{31}，人均可支配收入＝X_{32}等控制变量代入方程为 $\pi(x)=P(y=1 \mid x)=\frac{1}{1+e^{-g(x)}}$的 Logistic 模型中去，随后采取逐步回归的方式进行计算，得到表 5－13 的结果：

表 5－13　参加献血活动的 Logistic 回归模型结果表

自变量	回归系数	OR 值	标准误差	显著性水平	Z 值
愿意参加献血活动	2.957	19.231	2.500	0.000	22.74
性别	－0.232	0.793	0.079	0.020	－2.32
中共党员	0.222	1.248	0.136	0.041	2.04
灵活就业	－0.354	0.702	0.125	0.047	－1.99
城市户籍	0.709	2.033	0.488	0.003	2.96
身体好	0.244	1.276	0.147	0.034	2.12
年龄	－0.015	0.985	0.004	0.000	－3.53
社区文娱团体成员	－0.342	0.710	0.116	0.036	－2.10
志愿公益组织的参与者或志愿者	0.328	1.389	0.142	0.001	3.21
权力价值观	0.044	1.045	0.014	0.001	3.20
安全价值观	－0.026	0.974	0.013	0.048	－1.98
常数项	－3.629	0.027	0.014	0.000	－6.95
样本量					4233
调整后的R^2					0.288

由上表5－13可知，在此回归模型中，样本量为4233，调整后的判定系数R^2＝0.288，即该11个变量一共可以解释“参加献血活动”校标变量28.80%的变异量。经过逐步回归后，在显著性水平为0.05的情况下，共有11个变量与参加献血活动呈现显著性相关，其中城市居民参加献血活动的意愿、中共党员、城市户籍、身体好、志愿公益组织的参与者或志愿者和权力价值观与参加献血活动呈现显著性正相关，回归系数分别为2.957、0.222、0.709、0.244、0.328和0.044；而性别、灵活就业、年龄、社区文娱团体成员和安全价值观与参加献血活动呈现显著性负相关，回归系数分别为－0.232、－0.354、－0.015、－0.342和－0.026。

同时，根据表5－13得到的OR值结果，可以得出：在控制了其他变量的情况下，愿意献血的人献血的可能性是不愿意献血的人的19.231倍；女性献血的可能性是男性的0.793倍；共产党员献血的可能性是非共产党员的1.248倍；灵活就业的人献血的可能性是不工作的人的0.702倍；城市户籍的人献血的可能性是农村户籍的人的2.033倍；身体好的人献血的可能性是身体差的人的1.276倍；年龄每增加1岁，其献血的可能性是原来的0.985倍；社区文娱团体成员献血的可能性是非社区文娱团体成员的0.710倍；志愿公益组织的参与者或志愿者献血的可能性是非志愿公益组织的参与者或志愿者的1.389倍；权力价值观的得分每增加1个单位，其献血的可能性是原来的1.045倍；安全价值观的得分每增加1个单位，其献血的可能性是原来的0.974倍。

8. 参加献血活动Logistic回归模型的有效性检验

随后通过计算参加献血活动的Logistic回归模型预测的百分比来进行模型的有效性检验，得到表5－14结果：

表5－14　参加献血活动的Logistic回归模型预测表

		预测是否献血		准确分类百分比（%）
		0	1	
观察是否献血	0	3428	561	85.94
	1	110	134	54.92
总的预测正确率				84.15

表5－14的结果说明，当用这11个变量作为参加献血活动的Logistic回归方程的解释变量时，该模型对于不参加献血活动的预测率为85.94%，对于参加献血活动的预测率为54.92%，模型总的预测率为84.15%，得到的结果较为满意，即预测结果和实际结果较为符合，且该模型的拟合程度较好。

第六节　研究结论及讨论

一、研究结论

1. 价值观与公益行为之间的关系

对因变量分别做了相应的Logistic回归分析后得出以下结果：（1）普遍价值观与参加捐款活动呈现出显著性负相关，与假设1相反，但回归系数和OR值较小，由于善款使用信息的不透明、善款使用效率低及大量负面的新闻报道，导致人们对公益组织的信任程度降低，甚至一些人愿意亲自将钱物送给受助人也不愿意将钱物交给公益组织来处理，这样的现象造成了普遍价值观与参加捐款活动呈现出显著性负相关，因此还需要进行更深入的研究。（2）慈善价值观与参加志愿服务活动、参加捐款活动和参加捐物活动呈现出显著性正相关，这也验证了假设2，即慈善价值观得分高的城市居民，其参加志愿服务活动、捐款和捐物的可能性较高。我国自古以来就是一个乐善好施的民族，鼓励相互帮助、扶持，“集体主义”价值观更是长时间地占据着主导地位，因此慈善价值观对人们的公益行为有着重要的影响。（3）权力价值观与公益行为的显著情况并不明显，只是与参加献血活动呈现出显著性正相关，即权力价值观得分高的城市居民，其献血的可能性较高，这是由于人们在参加献血活动的过程中收获了金钱上的物质奖励和帮助他人时情感上的回报，从而获得了一定的权力，继而增加了他们的献血行为。（4）享乐价值观与参加志愿服务活动和参加捐款活动呈现出显著性负相关，这验证了假设5，即享乐价值观得分高的城市居民，其参加志愿服务活动和捐款的可能性较低。

而在其他价值观中，表示保守程度维度的价值观与公益行为有显著性相关关系，其结果如下：(1) 遵从价值观与参加捐款活动和捐物活动呈现出显著性正相关，即遵从价值观得分高的城市居民，其捐款和捐物的可能性较高。在我国现行的行政体制下，人们的公益行为受到了影响，存在着“被捐款、被捐物”现象，这是导致遵从价值观与参加捐款活动和捐物活动呈现出显著性正相关的原因。(2) 传统价值观与参加捐款活动呈现出显著性负相关，即传统价值观得分高的城市居民，其捐款的可能性较低，这是由于受到了“道德胁迫”的压力、“道德义务感”的冲击和“社会赞许性”效应的影响。(3) 安全价值观与参加捐物活动和参加献血活动呈现出显著性负相关，即安全价值观得分高的城市居民，其捐款和献血的可能性较低。在本研究中，安全价值观的均值为5.23，是较为重要的一种价值观。由此可见，我国目前城市居民的价值观在传统文化的影响下依旧趋于保守，集体主义倾向明显，同时也有良好的慈善价值观。

2. 其他变量与公益行为之间的关系

除此之外，还发现以下结果：(1) 人们的公益行为与其参与的意愿有关，即人们的参与意愿越高，其参加志愿服务活动、捐款、捐物和献血的可能性较高。(2) 组织内的成员（共产党员、宗教团体成员、协会、学会、社团或俱乐部成员、邻里互助组织成员、志愿公益组织活动的参与者或志愿者）与参加志愿服务活动、参加捐款活动、参加捐物活动和参加献血活动呈现出显著性正相关，即组织内成员的城市居民，其参加志愿服务活动、捐款、捐物和献血的可能性较高。在捐赠行为中，我国居民表现出较强的“集体主义文化”，倾向于通过工作单位、社区进行间接捐赠，因此组织内成员与参加志愿服务活动、参加捐款活动、参加捐物活动和参加献血活动呈现出显著性正相关。(3) 性别与参加捐款活动呈现出显著正相关而与参加献血活动呈现出显著负相关，即女性与男性相比，其捐款的可能性较高而献血的可能性较低，因为女性与男性相比更具有利他主义精神和同理心。(4) 宗教信仰与参加捐物活动呈现出显著正相关，即有宗教信仰的人捐物的可能性较高。(5) 城市户籍与参加志愿服务活动、参加捐款活动、参加捐物活动和参加献血活动呈现出显著性正相关，即城市户籍的人参加志愿服务活动、捐款、捐物和献血的可能性较高。因为本样本在选取时选择的是城市居民，因此在样本中存在大量城市居民，该影响还有待进一步研究。

二、从价值观方面促进城市居民公益行为的建议

随着互联网络媒体的迅猛发展，我国公益慈善事业正蓬勃发展，捐赠总额、参与人数和受助人群逐年增加，相关政策法律的出台更是提供了制度保障；但与发达国家相比，人均捐赠额和人均志愿服务时长还存在着较大的差距，仍主要依赖于企业和政府，民间自发捐款较少：这就是说，我国的公益慈善事业还处于发展的起步阶段。价值观可以预测人们的行为，人们将哪些重要的观念作为其生活的指导原则，日常生活中人们认为什么是重要的，而强调自我超越维度的价值观会鼓励亲社会行为的发生。面对当前全球多元文化的不断冲击以及我国正处于发展的新阶段，可以从以下几方面通过不断强调、宣传自我超越维度的价值观以增加城市居民的公益行为，促进我国公益慈善事业的发展，推动社会主义和谐社会的建设，从而促进社会公平正义。

1. 提供多种公益参与渠道，宣传公益慈善文化

公益慈善事业是社会保障体系中的一部分，推动公益慈善事业的发展是政府应尽的职责，但过度的公益行政化也会阻碍公益事业的发展。2018 年政府工作报告中指出：“要在发展基础上多办利民实事、多解民生难事，兜牢民生底线，不断提升人民群众的获得感、幸福感、安全感。”随后 2019 年政府报告提出：“推动社会治理重心向基层下移，推广促进社会和谐的‘枫桥经验’，构建城乡社区治理新格局。”两年的政府报告显示政府的治理重心正逐渐向社区内转移，同时支持社会组织积极参与社区公共事务和公益事业，发挥社会组织在提高居民参与社区治理的积极性等方面的积极作用。在这种背景下，通过借鉴其他经验，社区创享计划项目在街道和社工机构的努力下应运而生。社区创享计划是以需求为导向，由居民自己提出建议，组成项目团队，在社工的帮助下形成提案项目，协助共同解决社区问题，参与社区治理的实践活动。这些活动又分为社区文化类、社区服务类和社区环保类三类。这种由居民根据自身需求自发提出建议，形成提案项目，在社区街道财政的支持下去解决社区问题的方式，更能激发社区活力，提升居民参与意识和参

与能力。在这个过程中，社会工作者可以引导居民多从价值观这种精神文明的角度选择一些活动项目，开展相应的活动，如公益慈善知识讲座、弘扬慈善救助精神等，让人们关注自身的精神文明建设，树立正确的慈善观念，促进人们公益行为的发生。在2019年的政府报告中提出，要“实施更大规模的减税，且降低企业社保缴费负担”，这为公益组织的发展提供了良好的外部发展环境，可以减轻公益组织的负担，也有利于公益组织吸收更多的资金，提供更多优质的服务。同时，政府也应加强对公益组织的监管，尤其是善款的使用情况，这样可以提升公益组织的社会公信度，让居民能够更加放心地将钱、物委托公益组织来处理。

要想发挥慈善价值观对公益行为的正向影响作用，离不开政府对于慈善观念的宣传和慈善氛围的营造。但当前城市居民对于公益慈善的理解还停留在简单的救济层面，并不知道公益行为还包括购买福利彩票等，这都需要政府和社会大众来引导和影响。在慈善观念的宣传和慈善氛围的营造上，社会大众媒体发挥着重要的作用，尤其以互联网这种新兴的媒体为主。互联网以其覆盖范围广、传播速度快等优势迅速发展，大量的信息通过互联网飞速传递到每一个普通城市居民身边。在政府大力推动精神文明建设的背景下，不同种类的新闻媒体播放公益广告和公益新闻，通过这些方式不断宣传城市居民的慈善价值观，让人们更加深入了解公益慈善，树立正确的公益慈善观念，从而增加自身的公益行为。

2. 鼓励公益组织创新发展，推广价值观品牌服务

公益组织是公益慈善事业中的服务提供者，为捐赠者、企业、政府部门和受助人之间构建了沟通的桥梁，是公益慈善事业蓬勃发展的中坚力量，发挥着重要的作用。当前城市居民获取志愿服务的信息并不充足，在本研究中，只有34.98%的人认为获取志愿服务的信息是相对充足的，在没有相对充足的志愿服务信息下，人们的公益行为更多是偶然发生的。而且，当前公益组织提供的服务大多以募捐、帮扶活动为主，在受到环境的限制下，只是被动地为受助人“输血”，并非长久之计，还需要其他的方法和途径。

一些有开拓创新精神的公益领军人物们，如徐永光、钱为家等人，他们不断推动社会企业发展、公益与商业的结合，为公益发展寻找新的道路，将

被动的“输血”变成主动的“造血”。2015 年社会组织吸纳 734. 8 万人就业，人均创值 3. 98 万元，同时由阿拉善 SEE 基金会、爱德基金会、陈香梅公益基金会、恩派等 15 家机构联合共建的中国好公益平台把优质公益项目的研发方、品牌创建方和渴求好公益项目的地方枢纽机构、一线公益组织有效连接起来，帮助优质公益产品在全国范围内进行规模化扩张，不断增加优质公益好产品的有效供给，满足社会需求（徐永光，2017）。本研究显示，慈善价值观与公益行为呈现出显著性正相关，公益组织可以借助中国好公益等平台，在提供优质服务的过程中不断宣传、强化慈善价值观，让城市居民通过参与体验各种各样的公益服务，潜移默化地改变自身价值观念，从而推动自身公益行为的改变，并影响周边人群，扩大公益影响的范围。

但 2016 年的两个调查数据显示：公益从业人员的工资收入低于社会平均水平，而且近 50% 的公益组织没给员工缴纳社保；公益组织行业内鱼龙混杂，提供的服务良莠不齐；公益组织内部自身还处于起步阶段，需要时间的磨炼和经验的领导。同时，价值观的巩固和改变更是潜移默化的，不是一蹴而就的，更需要公益组织不断提供优质的服务去强化慈善价值观，形成具有自身特色的品牌服务，进而推广优质的品牌服务改变人们的价值观念，推动人们踊跃参加公益行动。

3. 推动公益教育发展，树立正确的慈善价值观

公益慈善事业的发展离不开公益教育的推动，教育的功能是将社会中的知识文化和价值观念传达给个体，从而完成对个体的社会化，让个体清楚地认识到什么是“对”的。在本研究中，慈善价值观与公益行为呈现显著性正相关，通过不断增加和强调城市居民的慈善价值观，可以增加城市居民的公益行为，而教育是进行价值观传播、宣传的最好途径。目前公益慈善事业中受教育者主要包括以下三类人员：一是全职公益从业人员，二是城市居民，三是志愿者。

2017 年益宝发布的《中国公益人保障状况专题调查报告 2017》显示，目前我国公益从业人员以 26—30 岁为主，71. 69% 的公益从业人员受教育水平集中在本科与专科阶段，硕士及其以上人员比例占 14. 67%，公益从业人员的教育水平较高，有利于接受新的价值观和掌握专业的技能技巧。但也存在着

公益从业人员专业性不足、工作方法不当、人才流动率较高的问题。调查报告中显示，全职从业1年以下及1—3年的人占比51.27%，而从业10年及以上的仅有73人。公益组织内部人员的流失会影响专业服务的提供，尤其面对的服务对象一般为特殊群体，若无法提供专业的服务，会对服务对象造成一定的伤害，容易形成“好心办坏事”的局面。面对公益从业人员专业性不足、工作方法不当、人才流动率较高的局面，公益教育是解决该问题的途径之一。虽然目前我国在《普通高等学校本科专业目录》中并没有包含“公共慈善”相关专业，但也有以北师大珠海分校的“2+2跨专业培养模式”、南京工业大学浦江学院和北师大珠海分校的“四年制专业方向培养模式”、深圳大学的“双学位双专业模式”这三种公益人才的培养模式，为我国公益事业输送了大批人才。在此基础上，可以设立相应的慈善价值观理论课程，培养公益从业人员的社会责任感，学习先进的公益慈善理念，从思想的层面武装自己，从而通过自身再去影响服务对象的价值观，增加其慈善价值观，推动其公益行为的发生，从而促进公益事业的发展。

城市居民和志愿者并没有全职公益从业人员的受教育机会，但在日常参与公益活动时，也可以接触到相应的公益慈善教育，从中获取相应的公益慈善知识。公益慈善组织可以在社区内开展普及公益慈善理念和宣传普及慈善价值观的活动，让社区居民参与其中，了解公益慈善知识，学习公益慈善理念，加深对慈善价值观的理解，提高其参与公益活动的自主性，进而推动公益慈善事业的发展。志愿者是公益慈善事业中的主力军，是公益组织团体的得力助手，也是公益服务活动顺利开展的保障。志愿者有积极参与公益慈善活动的热情，但一般缺乏系统的公益慈善知识和专业的实务技能技巧，在公益慈善活动中是边缘人物。因此，公益组织在招募志愿者时应对其进行相应的知识技能技巧培训，为其传送正确的公益慈善理念和专业的实务技能技巧，在经过考核后，才能正式为服务对象提供相应的服务，这个过程也是公益教育的过程，也是价值观传播和强化的过程。

4. 推动社区内组织团体建设，运用社区资源宣传慈善价值观

社区内存在各种各样的组织团体，如社区内常见的社区文娱团体（舞蹈队、歌唱队、表演队等）、邻里互助组织（社区巡逻小队、消防小队等）、志

愿者团队等。由这些社区居民组成的组织团体构成了该社区内强大的社会资源网络，隐藏着巨大的社会资源。在美国，无论是钱还是物，无论是有形的服务还是无形的资源，其最核心的都是通过慈善资源的募集和分配，加强社区中各种各样人的联系，从而提升社区的社会资本。人们的价值观会受到组织团体内部他人的影响，在本研究中，组织内的成员（共产党员，宗教团体成员，协会、学会、社团或俱乐部成员，邻里互助组织成员，志愿公益组织活动的参与者或志愿者）与参加志愿服务活动、参加捐款活动、参加捐物活动和参加献血活动呈现出显著性正相关，即越是各组织内成员的城市居民，其参加志愿服务活动、捐款活动、捐物活动和献血活动的可能性越高，而在这些人群中，党员更是发挥了积极的模范带头作用。在政府治理重心向社区转移的背景下，应积极推动社区内组织团体的发展，灵活运用社区内强大的资源网络，鼓励更多的城市居民参与到公益慈善中来，共同推动社区内公益慈善事业的发展。

B 市的 H 社区内大多数是“回迁房”或“单位房”，有着良好的社会网络资源，在“小事不出楼门，大事不出社区”的口号下，各栋楼纷纷成立起楼栋自管会，每栋楼都由居民志愿者承担楼长和楼门长职务，负责楼栋内邻里互助、纠纷处理、安全巡视、环境卫生维护等公共事务的处理。在每个月的 25 日的“楼栋自查日”会开展例行巡查活动，向居委会的“居民接待会议”反映楼栋存在的情况和居民意见。H 社区的居民自治首先由社区居委会主任在微信群内通知具体的活动，然后楼管会会长和骨干再通知居民，利用网格一步步地联系群众。在这个过程中，H 社区逐渐探索，创立了从最初的五位一体到五四协同再到现在的五四十联模式。H 社区创立的参与型分层协商机制，将社区内的居民利用社会网络紧密地联系在一起，既提高了办事的效率又解决了居民的实际问题，还提高了居民参与社会公共管理的积极性，这种社区网络资源，也可以推动社区公益慈善的发展。H 社区内共有 20 栋楼，由 16 名社工负责平时的社区活动，每个月这些社工们都会开展各种各样的社区活动。可以利用这些社会网络和社区活动，为社区内的居民普及公益慈善知识，宣传和强调社会主义核心价值观等慈善价值观，改变人们对于公益慈善的认识，提供更多参与公益慈善的渠道，引入更多的公益慈善组织为社区内居民提供相应的服务，从而增加居民的公益行为，推动公益慈善事业的发展。

5. 发挥社会工作的专业特点，针对不同群体设计价值观活动

社会工作与公益慈善的关系密不可分。19世纪中期西方受工业化的影响，贫困、失业等社会问题逐渐严重，威胁着社会的安定，城市中产阶级妇女组成的“友善访问员”通过深入到贫困人群之中，为他们提供善款和救助物品，拉开了社会工作救助服务的先河。随着1893年美国水牛城的慈善组织协会对当时慈善机构从业人员的专业性提出了质疑，社会工作开启了向专业化迈进的步伐，不再仅仅注重慈善事业，也将目光投向了其他领域。而我国更是形成了具有中国特色的党务社会工作、楼宇社会工作、街道社会工作等。自2006年党的十六届六中全会上提出“建设宏大的社会工作人才队伍”后，社会工作在我国迎来了飞速发展，在促进社会公平正义、维护特殊群体权益等方面取得了一定的成效，并且从2015年起连续4年被写入政府工作报告，更是成为国家现代化治理体系的重要组成部分。2019年广州市民政局发布了《广州市实施“社工+慈善”战略工作方案》①，拟通过设立社区慈善捐赠站点，发展社区慈善基金会，打造“社工+慈善”品牌服务项目，实施“社区公益微创投”活动，建设社区联合劝募平台，推动社区志愿服务等，来健全社区“社工+慈善”的制度体系。该方案为社工与慈善的结合从理论成为现实提供了渠道，在发挥社会工作专业特点的基础上，充分利用社区内的公益慈善资源，为社区居民参与公益活动提供平台，从而提升其参与公益活动的积极性，增加其公益行为。

社会工作最核心的就是以个人、家庭或社区的需求为基础，通过有针对性的服务供给与传递，满足服务对象需求，解决社会问题，重塑服务对象的社会网络支持体系。同时，社会工作者在公益慈善事业中扮演多重角色，如公益服务活动的提供者、公益资源的链接者、特殊群体的支持者等，他们保障特殊群体的权益，促进社会公平正义，不断地推动公益慈善的发展。因此，要想从价值观方面促进城市居民的公益行为，离不开社会工作及其从业人员

① 符畅、廖培金：《镇街可成立，社区慈善基金会》，http：//epaper. ycwb. com/epaper/ycwb/html/2019-05/06/content_49223. html。

的参与。例如，R社会工作事务所承接了某街道社区的楼宇项目，在每层与住户沟通联系的过程中，发现住户们有许多闲置的衣物无法处理，而事务所本身有开展深夜为流浪人群提供救助的项目，于是便将楼宇内的闲置衣物收集起来捐献给流浪人群①。在这个过程中，社会工作者就充分发挥了资源链接者的角色，为居民贡献爱心提供了新的渠道，也可以促进居民们的公益行为。价值观具有预测行为的功能，慈善价值观可以促进人们的公益行为，社会工作者在社区内开展活动的过程中可以多设计一些宣传和强调价值观的内容，鼓励人们去了解、接触公益慈善，从身边的小事出发，即使足不出社区，也能够为他人提供帮助。除此之外，社会工作者也为志愿者提供了支持辅导，不仅仅是专业技能技巧上的辅导，也是一种志愿精神的传递，推动志愿精神的传播，以让更多的人参与到志愿服务活动中来。

随着我国政府重心向社区治理转移，《中华人民共和国慈善法》的出台和各种各样公益组织的发展，我国公益慈善事业迎来了蓬勃发展的阶段，公益活动的参与人数、捐款资金、受益人群等都持续增长，潜在的公益慈善市场还待不断去挖掘。但与发达国家相比，当前我国人均捐款总额和志愿服务时长还存在着较大的差距，且还存在着“被捐款”现象，同时公益组织鱼龙混杂、提供的服务良莠不齐，居民对公益慈善组织信任度低，这都影响了城市居民参与公益慈善事业的自主性和积极性。价值观作为一种价值评判尺度和选择，对个人的行为具有较大的影响，中华民族自古以来就是一个乐善好施的民族，互助帮扶精神早已融入每个人的血液之中。本研究结果显示，慈善价值观得分高的城市居民，其参加志愿服务活动、捐款和捐物的可能性较高。并且，人们的公益行为与其参与公益慈善事业的意愿有较强的正相关。党的十八大以来，我国更是高度重视培育和践行社会主义核心价值观，不断推动精神文明建设，这也有利于从价值观的角度去推动城市居民树立正确的慈善观念，可以通过在社区内开展普及公益慈善知识活动或构建慈善文化宣传墙等方式，宣传公益慈善理念，从而有效引导城市居民自发地参与到公益慈善事业中去，减少“被捐款”现象。同时，组织内的成员（共产党员，宗教团

---

① 该案例为笔者在R社工机构调研时接触到的案例。

体成员，协会、学会、社团或俱乐部成员，邻里互助组织成员，志愿公益组织活动的参与者或志愿者），其参加志愿服务活动、捐款活动、捐物活动和献血活动的可能性较高。因此，要充分利用好社区内的社会网络资源，通过紧密相连的社区网络提供更多参与公益慈善的渠道，并且在社区的支持下引入更多的公益慈善组织为社区内居民提供相应的服务，从而增加居民的公益行为，推动公益慈善事业的发展。在这个过程中，还可以发挥社会工作者服务提供者、资源链接者等角色作用，利用社区资源网络保障活动的顺利进行以及志愿服务精神的传播。

虽然本研究以2013年北京师范大学社会发展与公共政策学院在中国27个城市的微观调查数据为基础，采用了施瓦茨价值观量表来测量城市居民的价值观，研究结果也与假设基本吻合，但还存在一些不足，我们期望将来可以进行更加深入的研究来解决未解决的问题。首先，价值观是一个较为复杂的概念，蕴含多种解释，测量方式也不同，虽然本研究采用了在跨文化研究中有较高信用、效度的施瓦茨价值观量表，但是否适用于我国这种具有特殊文化背景的国家，还需要检验。其次，价值观对行为的影响作用是潜移默化的，并不像其他变量那样效果明显。本研究结果显示慈善价值观对于公益行为有着正向的影响作用，但是相关系数并不突出，影响较小，还需要进行持续性的深入研究来关注行为的变化。同时，本研究以2013年在中国27个城市中的108个社区的居民中进行的多阶段分层抽样数据为基础，数据的实效性也有待检验，尤其现在更加注重公益慈善事业和社会主义核心价值观的宣传，数据必然会有一些变化，还需要收集更新的数据来进行分析，以验证价值观和公益行为之间的关系。最后，本章关注的是城市居民个人价值观，并没有涉及农村居民个人价值观，因而还有进一步探索的空间。

参考文献

[1] Anheier, H. K., & Salamon, L. M. (1999). Volunteering in cross-national perspective: Initial comparisons. *Law & Contemporary Problems*, 62 (4), pp. 43 - 65.

[2] Apinunmahakul, A., & Devlin, R. A. (2008). Social networks and private philanthropy. *Journal of Public Economics*, 92 (1 - 2), pp. 309 - 328.

[3] Bekkers, R. (2003). Trust, accreditation, and philanthropy in the Netherlands. *Nonprofit and Voluntary Sector Quarterly*, 32 (4), pp. 596 - 615.

[4] Bekkers, R. (2004). *Giving and volunteering in the Netherlands: Sociological and psychological perspectives.* Utrecht University.

[5] Bekkers, R. & Wiepking, P. (2010). A literature review of empirical studies of philanthropy: Eight mechanisms that drive charitable giving. *Nonprofit & Voluntary Sector Quarterly*, 40 (5), pp. 924 - 973.

[6] Bekkers, R., & Wiepking, P. (2011). A literature review of empirical studies of philanthropy: Eight mechanisms that drive charitable giving. *Nonprofit & Voluntary Sector Quarterly*, 40 (5), pp. 924 - 973.

[7] BLS(2013). *Volunteering in United States.* Bureau of Labor Statistics.

[8] Brady, H. E., Verba, S., & Schlozman, K. L. (1995). Beyond SES: A resource model of political participation. *American Political Science Review*, 89 (02), pp. 271 - 294.

[9] Brand, J. (2010). Civic returns to higher education: A note on heterogeneous effects. *Social Forces*, 89, pp. 417 - 433.

[10] Brooks, A. C. (2005). Does social capital make you generous? *Social*

Science Quarterly, 86 (1), pp. 1 – 15.

[11] Brown, E., & Ferris, J. M. (2007). Social capital and philanthropy: An analysis of the impact of social capital on individual giving and volunteering. *Nonprofit and Voluntary Sector Quarterly*, 36 (1), pp. 85 – 99.

[12] Bryant, W. K., Jeon – Slaughter Haekyung, & Tax, A. (2003). Participation in philanthropic activities: Donating money and time *Journal of Consumer Policy*, 26 (1), pp. 43 – 73.

[13] Campbell, D. E., & Yonish, S. J. (2003). Religion and volunteering in America. *Religion as social capital: Producing the common good*, pp. 87 – 106.

[14] Carlo, G., Okun, M. A., Knight, G. P., & Guzman, M. R. T. D. (2005). The interplay of traits and motives on volunteering: agreeableness, extraversion and prosocial value motivation. *Personality & Individual Differences*, 38 (6), pp. 1293 – 1305.

[15] Carrington, M. J. & Whitwell, N. G. J. (2010). Why ethical consumers don't walk their talk: Towards a framework for understanding the gap between the ethical purchase intentions and actual buying behaviour of ethically minded consumers. *Journal of Business Ethics*, 97 (1), pp. 139 – 158.

[16] Chen, C. H. (1994). *Subcontracting Networks and Social Life.* Taipei: Lien – Jin Press.

[17] Clary, E. G., Snyder, M., Ridge, R. D., Copeland, J., Stukas, A. A., Haugen, J., & Miene, P. (1998). Understanding and assessing the motivations of volunteers: A functional approach. *Journal of Personality and Social Psychology*, 74 (6), pp. 1516 – 1530.

[18] Clary, E. G., Snyder, M., & Stukas, A. A. Volunteers' motivations: Findings from a national survey. *Nonprofit and Voluntary Sector Quarterly*, 25 (4), pp. 485 – 505.

[19] Coleman, J. S. (1988). Social capital in the creation of human-capital. *American Journal of Sociology*, 94, S95 – S120.

[20] Cruce, T. M., & Moore, J. V. (2007). First – year students' plans to vol-

unteer: An examination of the predictors of community service participation. *Journal of College Student Development*, 48 (6), pp. 655 – 673.

[21] Daniel, E., Bilgin, A. S., Brezina, I., Strohmeier, C. E. & Vainre, M. (2015). Values and helping behavior: A study in four cultures. *International Journal of Psychology*, 50 (3), pp. 186 – 192.

[22] Delhey, J., Newton, K., & Welzel, C. (2011). How general is trust in "most people"? Solving the radius of trust problem. *American Sociological Review*, 76, pp. 786 – 807.

[23] Döring, A. K., Makarova, E., Herzog, W., & Bardi, A. (2017). Parent-child value similarity in families with young children: The predictive power of prosocial educational goals. *British Journal of Psychology*, 108 (4), pp. 737 – 756.

[24] Einolf, C. J. (2009). Will the boomers volunteer during retirement? Comparing the baby boom, silent, and long civic cohorts. *Nonprofit and Voluntary Sector Quarterly*, 38 (2), pp. 181 – 199.

[25] Einolf, C. J. (2011). Gender differences in the correlates of volunteering and charitable giving. *Nonprofit and Voluntary Sector Quarterly*, 40 (6), pp. 1092 – 1112.

[26] Fei, H. T. (1948). *Peasant Life in China*. London: Routledge & Kegan.

[27] Flanagan, C., & Levine, P. (2010). Civic Engagement and the Transition to Adulthood. *The Future of Children*, 20 (1), pp. 159 – 179.

[28] Freeman, R. B. (1997). Working for nothing: The supply of volunteer labor. *Journal of Labor Economics*, 15 (1), pp. 140 – 166.

[29] Gallagher, S. K. (1994). Doing their share: comparing patterns of help given by older and younger adults. *Journal of Marriage and the Family*, 56 (3), pp. 567 – 578.

[30] Gesthuizan, M., & Scheepers, P. (2010). Educational differences in volunteering in cross-national perspective: Individual and contextual explanations. *Nonprofit and Voluntary Sector Quarterly*, 41 (1), pp. 58 – 81.

[31] Gillath, O., Shaver, P. R., Mikulincer, M., Nitzberg, R. E., Erez, A., & Ijzendoorn, M. H. (2010). Attachment, caregiving, and volunteering: Placing volunteerism in an attachment – theoretical framework. *Personal Relationships*, 12 (4), pp. 425 – 446.

[32] Gilreath, G. S. (2008). *Government and Religion in China*. University of Tennessee.

[33] Graaf, R. N. D. D. (2006). National context, religiosity and volunteering: Results from 53 Countries. *American Sociological Review*, 71 (2), pp. 191 – 210.

[34] Grönlund, H. (2011). Identity and volunteering intertwined: Reflections on the values of young adults. *Voluntas: International Journal of Voluntary & Nonprofit Organizations*, 22 (4), pp. 852 – 874.

[35] Grönlund, H., Holmes, K., Kang, C., Cnaan, R. A., Handy, F., Brudney, J. L., Meijs, L. C. P. M. (2011). Cultural values and volunteering: A Cross – cultural comparison of students' motivation to volunteer in 13 countries. *Journal of Academic Ethics*, 9 (2), pp. 87 – 106.

[36] Gustavo, Knight, George, P., Eisenberg, Nancy, Rotenberg, & Ken, J. (1991). Cognitive processes and prosocial behaviors among children: The role of affective attributions and reconciliations. *Developmental Psychology*, 273 (3), pp. 456 – 461.

[37] Harbaugh, W. T. (2001). The prestige motive for making charitable transfers. *American Economic Review*, 88 (2), pp. 277 – 282.

[38] Hill, J. P., & Dulk, K. R. D. (2013). Religion, volunteering, and educational setting: The effect of youth schooling type on civic engagement. *Journal for the Scientific Study of Religion*, 52 (1), pp. 179 – 197.

[39] Huang, J., Maassen van den Brink, H. & Groot, W. (2009). A meta-analysis of the effect of education on social capital. *Economics of Education Review*, 28 (4), pp. 454 – 464.

[40] Hustinx, L., Handy, F., & Cnaan, R. A. (2012). Student volunteering in China and Canada: Comparative perspectives. *Canadian Journal of Sociology*, 37

(1), pp. 55 -83.

[41] Jian - guang, T. (2014). The development of volunteer service organizations in China and the social function. *Beijing Youth Research*, *p.* 4, 7.

[42] Kemmelmeier, & M. (2006). Individualism and good works: Cultural variation in giving and volunteering across the United States. *Journal of Cross-Cultural Psychology*, 37 (3), pp. 327 -344.

[43] Knoke, D., & Thomson, R. (1977). Voluntary association membership trends and the family life cycle. *Social Forces*, 56 (1), pp. 48 -65.

[44] Lamont, M. (2000). Meaning - making in cultural sociology: Broadening our agenda. *Contemporary Sociology*, 29 (4), pp. 602 -607.

[45] Law, B. M., & Shek, D. T. (2009). Family influence on volunteering intention and behavior among Chinese adolescents in Hong Kong. *Adolescence*, 44 (175), pp. 665 -683.

[46] Lim, C. & MacGregor, C. A. (2012). Religion and volunteering in context disentangling the contextual effects of religion on voluntary behavior. *American Sociological Review*, 77 (5), pp. 747 -779.

[47] Luo, G. L., & Ding, D. M. (2012). The voluntary service's effect on China's social risk management (in Chinese). *Shandong Social Science*, 202 (6), pp. 34 -38.

[48] Luo, J. D. (2005). Particularistic trust and general trust: A network analysis in Chinese organizations [1]. *Management and Organization Review*, 1 (3), pp. 437 -458.

[49] Luping, W. (2011). Motivations for youth volunteer participation: Types and structure—An analysis of interviews with twenty - four young volunteers. *Chinese Education & Society*, 44 (2), pp. 176 -192.

[50] Mainardes, E. W., Laurett, R., Degasperi, N. C. P. & Lasso, S. V. (2017). External motivators for donation of money and/or goods: External motivators that encourage the donation of money and/or goods by individuals. *International Journal of Nonprofit & Voluntary Sector Marketing*, 22 (2), e1568.

[51] Matsuba, M. K., Hart, D., & Atkins, R. (2007). Psychological and social-structural influences on commitment to volunteering . *Journal of Research in Personality*, 41 (4), pp. 889 – 907.

[52] McCallister, L. & Fischer, C. (1978). A procedure for surveying personal networks. *Sociological Methods and Research*, 7, pp. 131 – 148.

[53] Merchant, A. (2011). How personal nostalgia influences giving to charity. *Journal of Business Research*, 64 (6), pp. 610 – 616.

[54] Monteoliva, A., García – Martínez, J. M. A., Santa – Bárbara, E. S., & Calvo – Salguero, A. (2018). Attachment security, values, and prosocial attitudes. *Scandinavian Journal of Psychology*, 59 (4), pp. 368 – 377.

[55] Morrow – Howell, N. (2010). Volunteering in later life: Research frontiers. *The Journals of Gerontology Series B*, 65 (4), pp. 461 – 469.

[56] Musick, M. A., Wilson, J. & Bynum, W. B. (2000). Race and formal volunteering: The differential effects of class and religion. *Social Forces*, 78 (4), pp. 1539 – 1570.

[57] Noor, A. H. B. M., Isa, N. A. M., Irpan, H. M., Bahrom, H. B., Salleh, A. B. M., & Ridzuan, A. R. B. (2015). Characteristic affecting charitable donations behavior: Empirical evidence from Malaysia. *Procedia Economics & Finance*, 31, pp. 563 – 572.

[58] Oesterle, S., Johnson, M. K., & Mortimer, J. T. (2004). Volunteerism during the transition to adulthood: A life course perspective. *Social Forces*, 82 (3), pp. 1123 – 1149.

[59] Omoto, A., & Snyder, M. (1993). AIDS volunteers and their motivations: Theoretical issues and practical concerns. *Nonprofit Management and Leadership*, 4 (2), pp. 157 – 176.

[60] Omoto, A. M., & Snyder, M. (1995). Sustained helping without obligation: motivation, longevity of service, and perceived attitude change among AIDS volunteers. *Journal of Personality and Social Psychology*, 68 (4), pp. 671 – 686.

[61] Paul, A. S. & Kwon, S. W. (2002). Social capital: Prospects for a new

concept. *Academy of Management Review*, 27 (1), pp. 17 –40.

[62] Penner, L. A., & Finkelstein, M. A. (1998). Dispositional and structural determinants of volunteerism. *Journal of Personality & Social Psychology*, 74 (2), pp. 525 –537.

[63] Putnam, R. D. (1994). Making democracy work: Civic traditions in modern Italy. Princeton University Press.

[64] Putnam, R. D. (1995a). Bowling alone: America's declining social capital. *Democracy*, 6, pp. 65 –78.

[65] Putnam, R. D. (1995b). Turning in, turning out: The strange disappearance of social capital in America [J] . *Political Science and Politics*, 28 (4), pp. 664 –683.

[66] Radley, A., & Kennedy, M. (1995). Charitable giving by individuals-A study of attitudes and practice. *Human Relations*, 48 (6), pp. 685 –709.

[67] Rokeach, M. (1973). *The Nature of Human Values*, New York: Free Press.

[68] Rotolo, T., & Wilson, J. (2006). Substitute or complement? Spousal influence on volunteering. *Journal of Marriage and Family*, 68 (2), pp. 305 –319.

[69] Saroglou, V. (2006). Religion's role in prosocial behavior: Myth or reality? *Religion*, 31 (2).

[70] Schervish, P. G., & J. J. Havens. (1997). Social capital and chritable giving: a multivariate analysis. *Voluntas : International Journal of Voluntary and Nonprofit Organizations*, 8 (3), pp. 235 –260.

[71] Schwartz, S. H. (2010). Are there universal aspects in the structure and contents of human values? *Journal of Social Issues*, 50 (4), pp. 19 –45.

[72] Shantz, A., Saksida, T., & Alfes, K. (2013). Dedicating time to volunteering: values, engagement, and commitment to beneficiaries. *Applied Psychology*, 63 (4), pp. 671 –697.

[73] Smith, D. H. (2014). The current state of civil society and volunteering

in the world, the USA, and China. *The China Nonprofit Review*, 6 (1), pp. 132 - 150.

[74] Sokolowski, S. W. (1996). Show me the way to the next worthy deed: Towards a microstructural theory of volunteering and giving. *Voluntas: International Journal of Voluntary & Nonprofit Organizations*, 7 (3), pp. 259 - 278.

[75] Son, J., & Wilson, J. (2012). Using normative theory to explain the effect of religion and education on volunteering. *Sociological Perspectives*, 55 (3), pp. 473 - 499.

[76] Song, X. Y. (2011). Executive report of the 3rd survey on the status of Chinese women. *Collection of Women's Studies*, 108 (6), pp. 5 - 15.

[77] Suanet, B., van Groenou Broese, M., & Braam, A. W. (2009). Changes in volunteering among young old in the Netherlands between 1992 and 2002: The impact of religion, age - norms, and intergenerational transmission. *European Journal of Ageing*, 6 (3), pp. 157 - 165.

[78] Tan, J. G. (2004). Voluntary Service and Obligatory Work: The Behavior pattern infuenced by two kinds of concepts (in Chinese). *Journal of China Youth*, 5, pp. 50 - 56.

[79] Taniguchi, H. (2010). Who are volunteers in Japan? *Nonprofit and Voluntary Sector Quarterly*, 39 (1), pp. 161 - 179.

[80] Tobin, J. (1958a). Estimation of relationships for limited dependent variables , *Econometrica*, 26 (1), pp. 24 - 36.

[81] Tobin, J. (1958b). Estimation of relationships for limited dependent variables. *Econometrica*, 26 (1), pp. 24 - 36.

[82] Uslaner, E. M. (2002). *The Moral Foundations of Trust.* New York: Cambridge University Press.

[83] Wang, L., & Graddy, E. (2008). Social capital, volunteering, and charitable giving . *Voluntas: International Journal of Voluntary and Nonprofit Organizations*, 19, pp. 23 - 42.

[84] Werner, P. (2015). Factors associated with teenagers' willingness to vol-

unteer with elderly persons: Application of the theory of planned behavior (TPB). *Educational Gerontology*, 41 (9), pp. 623 –634.

[85] Wilson, J. (2012). Volunteerism research: A review essay. *Nonprofit and Voluntary Sector Quarterly*, 41 (2), pp. 176 –212.

[86] Wilson, J. & Musick, M. (1998). The contribution of social resources to volunteering. *Social Science Quarterly*, 79 (4), pp. 799 –814.

[87] Wu, Z., Zhao, R., Zhang, X. & Liu, F. (2018). The Impact of social capital on volunteering and giving: Evidence from urban China. *Nonprofit and Voluntary Sector Quarterly*, 47 (6), pp. 1201 –1222.

[88] Xu, Y. (2012). Chinese Communist Youth League, political capital and the legitimising of volunteering in China. *International Journal of Adolescence and Youth*, 17 (2 –3), pp. 95 –112.

[89] Xu, Y. (2014). Volunteer participation and the development of civil Society in China: A case study of Jinan. *Nonprofit Policy Forum*, 5 (1), pp. 139 –168.

[90] Yamagishi, T. & Yamagishi, M. (1994). Trust and commitment in the United States and Japan. *Motivation and Emotion*, 18, pp. 129 –166.

[91] Zhang, W. C. (2011). *Volunteering Bebavior of Chinese Citizens* (*in Chinese*). Beijing: Intellectual Property Publishing Press.

[92] 包亚明. 布迪厄访谈录——文化资本与社会炼金术[M]. 上海: 上海人民出版社, 1997.

[93] 边燕杰. 城市居民社会资本的来源及作用: 网络观点及调查发现[J]. 中国社会科学, 2004 (3): 136 –146.

[94] 边燕杰, 丘海雄. 企业的社会资本及其功效[J]. 中国社会科学, 2000 (2), 87 –99.

[95] 曾桂林. 近20年来中国近代慈善事业史研究述评[J]. 近现代史研究, 2008 (2): 147 –160.

[96] 曾雅丽. 比较视角下的大学生志愿服务: 制度化与专业化[J]. 高等教育研究, 2012 (3): 71 –79.

[97] 陈茗，林志婉．城市老年人参与社会公益活动的意愿及其影响因素[J]．人口学刊，2004 (3)：30-34.

[98] 陈旭清，曲纵翔．中国富人慈善事业的现状与对策——基于社会交换理论的分析[J]．经济社会体制比较，2012 (1)：154-164.

[99] 邓国胜．中国志愿服务发展的模式[J]．社会科学研究，2002 (2)：108-110.

[100] 丁文．论文化转型中家庭观念的变革[J]．江苏社会科学，2001 (2)：158-162.

[101] 丁元竹，江汛清．志愿活动研究：类型、评价与管理[M]．天津：天津人民出版社，2001.

[102] 丁元竹，江汛清，谭建光．中国志愿服务研究[M]．北京：北京大学出版社，2007.

[103] 傅蓉，郭齐勇．当代中国人价值观结构及特点：基于2753位中国人的调查[J]．湖南大学学报（社会科学版）：2018，32 (1)：142-148.

[104] 高志华，杨绍清，Margraf，J.，Zhang，X.，路平．施瓦茨价值观问卷（PVQ-21）中文版在大学生中的修订[J]．中国健康心理学杂志，2016，24 (11)：1684-1688.

[105] 何欣，张娅楠，谢玮洁．北京市青少年志愿服务现状及参与意愿研究[J]．社会建设，2016 (2)：37-45.

[106] 贺荟中，连福鑫．价值观测量方法综述[J]．教育理论与实践，2011 (6)：35-38.

[107] 胡荣，胡康．城乡居民社会资本构成的差异[J]．厦门大学学报（哲学社会科学版），2008 (6)：64-69.

[108] 胡荣，沈珊．中国农村居民的社会资本与捐赠行为[J]．公共政策评论，2013 (05)：60-75.

[109] 黄希庭，张进辅，张蜀林．我国五城市青少年学生价值观的调查[J]．心理学报，1989 (3)：274-283.

[110] 金盛华，辛志勇．中国人价值观研究的现状及发展趋势[J]．北京师范大学学报（社会科学版），2003 (3)：56-64.

［111］金盛华，郑建君，辛志勇．当代中国人价值观的结构与特点［J］．心理学报，2009，41（10）：1000－1014.

［112］李艳．志愿者行为社会心理研究．青年研究，1997（1）：41－44.

［113］刘凤芹，卢玮静，张秀兰．中国城市居民的文化资本与志愿行为——基于中国27个城市微观数据的经验研究［J］．清华大学学报（哲学社会科学版），2015（2）：37－47.

［114］刘凤芹，卢玮静．社会经济地位对慈善捐款行为的影响［J］．北京师范大学学报（社会科学版），2013（3）：113－120.

［115］刘金菊，孙健敏．社会资本的测量［J］．学习与实践，2011（9）：110－118.

［116］刘培峰．宗教与慈善——从同一个站台出发的列车或走向同一站点的不同交通工具［J］．世界宗教文化，2012（1）：44－46.

［117］刘武，杨晓飞，张进美．城市居民慈善行为的群体差异——以辽宁省为例［J］．东北大学学报（社会科学版）：2010.

［118］陆文荣，段瑶．青年劳工群体的公益意愿与公益行为——基于长三角地区七个城市的调查数据［J］．青年探索，2014（3）：16－23.

［119］罗公利，刘慧明，边伟军．影响山东省私人慈善捐赠因素的实证分析［J］．青岛科技大学学报（社会科学版）：2009（25）：56－61.

［120］马卫红，黄沁蕾，桂勇．上海市居民社区参与意愿影响因素分析［J］．社会，2000（6）：14－16.

［121］马小勇，许琳．慈善行为的经济学分析［J］．西北大学学报（哲学社会科学版），2001（4）：93－98.

［122］彭凯平，陈仲庚．北京大学学生价值观倾向的初步定量研究［J］．心理学报，1989，21（2）：39－45.

［123］钱宁．积极老龄化福利政策视角下的老年志愿服务［J］．探索，2015（5）：135－139.

［124］邱吉，朱舒坤．中国社会核心价值观变迁成因及启示［J］．教学与研究，2018，V52（2）：22－33.

［125］夏建中．社会为中心的社会资本理论及其测量［J］．教学与研究，

2007（9）：36－42.

［126］谭建光．中国志愿服务发展的十大趋势——兼论“十三五”规划与志愿服务新常态［J］．青年探索，2016（2）：29－35.

［127］王珺，姚海琳，赵祥．社会资本结构与民营企业成长［J］．中国工业经济（公共管理），2003（9）：53－59.

［128］王立科．论文化资本及其对高等教育机会平等的影响［J］．大学（研究版）：2009（1）：25－27.

［129］王振耀．宗教与中国现代慈善转型——兼论慈悲、宽容、专业奉献及养成教育的价值［J］．世界宗教文化，2012（1）：38－43.

［130］魏莉莉．青年群体的代际价值观转变：基于90后与80后的比较［J］．中国青年研究，2016（10）：64－75.

［131］西塞罗．西塞罗三论［M］．北京：商务印书馆，1999.

［132］谢立黎．中国城市老年人社区志愿服务参与现状与影响因素研究［J］．人口与发展，2017，23（1）：55－65.

［133］徐步云，贺荟中．西方志愿者行为的研究综述［J］．中国青年研究，2009（4）：75－80.

［134］徐金燕，陆自荣，蒋利平．居民志愿服务参与意愿与社区公共服务居民满意度：内在影响之实证解析［J］．中共成都市委党校学报，2012（6）：33－37.

［135］薛晓源，曹荣湘．全球化与文化资本［M］．北京：社会科学文献出版社，2005.

［136］亚里士多德．尼各马可伦理学［M］．北京：中国社会科学出版社，1999.

［137］杨庆堃．中国社会中的宗教［M］．上海：上海人民出版社，2007.

［138］杨宜音．社会心理领域的价值观研究述要［J］．中国社会科学，1998.

［139］袁祖社．实践与公正：马克思的哲学价值观研究［M］．北京：中国社会科学出版社，2014.

［140］张广利，陈仕中．社会资本理论发展的瓶颈：定义及测量问题探

讨[J]. 社会科学研究，2006（2）：102－206.

[141] 张网成. 我国志愿者管理现状与问题的实证分析[J]. 中国社会科学院研究生院学报，2011a（6）：26－32.

[142] 张网成. 中国公民志愿行为研究：现状、特点及政策启示[M]. 北京：知识产权出版社，2011b.

[143] 赵孟营. 跨入现代之门：当代中国的社会价值观报告[M]. 北京：北京师范大学出版社，2008.

[144] 赵延东. 测量西部城乡居民的社会资本[J]. 华中师范大学学报（人文社会科学版）：2006（6）：48－52.

[145] 赵延东，罗家德. 如何测量社会资本：一个经验研究综述[J]. 国外社会科学，2005a（2）：18－24.

[146] 赵延东，罗家德. 如何测量社会资本：一个经验研究综述[J]. 国外社会科学，2005b（2）：18－24.

[147] 周红云. 社会资本：布迪厄、科尔曼和帕特南的比较[J]. 经济社会体制比较（双月刊）：2003（4）：46－53.

[148] 朱凯. 大学生眼中的“志愿服务”——对北京市两百余名大学生看待“志愿服务”的调查[J]. 中华女子学院学报，2005（S1）：50－55.

图书在版编目（CIP）数据

中国城市居民公益行为研究：基于27个城市的微观数据／刘凤芹，吴中盛，夏茹卉著．—北京：中国社会出版社，2019.12

ISBN 978－7－5087－6273－9

Ⅰ.①中…　Ⅱ.①刘…　②吴…　③夏…　Ⅲ.①居民－志愿－社会服务－研究－中国　Ⅳ.①D669.3

中国版本图书馆CIP数据核字（2019）第293551号

书　　名：中国城市居民公益行为研究——基于27个城市的微观数据

著　　者：刘凤芹　吴中盛　夏茹卉

出 版 人：浦善新

终 审 人：王　前

策划编辑：邢幼彀

责任编辑：孙　研

出版发行：中国社会出版社　　**邮政编码**：100032

通联方式：北京市西城区二龙路甲33号

电　　话：编辑部：（010）58124831

邮购部：（010）58124848

销售部：（010）58124845

传　真：（010）58124856

网　　址：www.shcbs.com.cn

shcbs.mca.gov.cn

经　　销：全国各地新华书店

中国社会出版社天猫旗舰店

印刷装订：北京九州迅驰传媒文化有限公司

开　　本：170mm×240mm　1/16

印　　张：12.75

字　　数：200千字

版　　次：2019年12月第1版

印　　次：2019年12月第1次印刷

定　　价：60.00元

中国社会出版社微信公众号